Emanuel Deutsch

Der Islam

Emanuel Deutsch

Der Islam

ISBN/EAN: 9783742869456

Hergestellt in Europa, USA, Kanada, Australien, Japan

Cover: Foto ©Lupo / pixelio.de

Manufactured and distributed by brebook publishing software (www.brebook.com)

Emanuel Deutsch

Der Islam

Die Sinaitische Verkündigung, wie sie im Pentateuch berichtet wird, ist der Gegenstand von tausend Erörterungen im Talmud und der Haggadah überhaupt geworden. Doch so verschiedenartig deren Natur auch sein mag — metaphysisch, allegorisch, ethisch — ein leitender Gedanke zieht sich durch sie alle — die Allgemeinheit des Monotheismus, dessen Sendung an die ganze Menschheit. Scheinbar gerichtet an eine kleine Horde entlaufener Sklaven, war „das Gesetz", jene fundamentalen Grundlinien religiöser und socialer Cultur, offenbart auf dem Berge Sinai — „dem niedrigsten der Gebirgskette, um anzuzeigen, daß Gottes Geist nur auf denen ruht, die sanftmüthigen Herzens sind — in Wirklichkeit, wie die „Meister" sagen, bestimmt für alle Menschenkinder. „Warum", fragen sie, „ward es in der Wüste gegeben, und nicht in irgend eines Königs Land?" — Um zu zeigen, daß, gleichwie die Wüste, Gottes eigene Heerstraße, frei ist, weit offen für Alle, so auch seine Worte ein freies Geschenk für Alle sind, wie Sonne, Mond und Sterne. Es ward nicht gegeben in der Stille und Finsterniß der Nacht, sondern am hellen Tage, unter Donner und Blitz. In der That, es ist dargeboten worden allen Nationen der Welt, bevor es zu der „einen auserwählten" kam. Diese aber, eine wie alle, hatten auf irgend welche besondere nationale Absicht oder „Mission" hingewiesen, welcher eins oder das andere dieser Geheiße hätte Abbruch thun können, und so lehnten sie alle dieselben ab. Und höchst characteristisch sind einige der heidnischen Ausflüchte, die ihnen von der bisweilen humoristischen Haggadah in den Mund gelegt sind. Was diese Zitternden, herrenlos Herumschweifenden und Streifenden betrifft, die, verzehrt von „der Seelenangst und der grausamen Knechtschaft" kurze Zeit vorher nicht einmal hören wollten auf die Botschaft der Freiheit, und die jetzt, durch Wunder und Schreckniſſe entſetzt, ſchrieen „Wir wollen gehorchen und hören!" — gehorchen, wie die alten Commentatoren beißend hervorheben, ohne Bedingungen, was wir auch hören mögen — ihnen ward keine Wahl gelaſſen. Hätten ſie „das Geſetz" nicht angenommen, derſelbige Berg hätte ſie zugedeckt und die Wüſte wäre ihr Grab geworden: — ein Ausſpruch, der bezeichnender Weiſe ſein Echo gefunden hat im Koran.

Doch — fährt die Legende fort — als dies Geſetz ihnen offenbart werden ſollte, da die Zeit erfüllet war, ward es nicht in ihrer Sprache allein offenbart, ſondern in ſiebenzig: ſoviele als Nationen auf Erden gezählt wurden — ebenſoviel als feurige Zungen entſpringen aus dem Eiſen auf dem Amboß. . . . Und da die Stimme ging und kam, widerhallend von Oſt nach Weſt, vom Himmel zur Erde, lag alles Erſchaffene da in ehrfurchtsvolles Schweigen gehüllt. Kein Vogel ſang in der Luft, die Winde waren ſtill, die Seraphim pauſirten in ihrem dreifachen „Heilig!" „Und alle Menſchen", ſagt die Schrift „hörten und ſchauten". Sie „hörten die Stimme" — und für Jeden trug ſie einen andern Klang: den Männern und den Weibern, den Jungen und den Alten, den Starken und den Schwachen. Sie erſchien ihnen gleich der Stimme ihrer Väter, ihrer Mütter, ihrer Kinder, aller derer, die ſie liebten mit ihrer heiligſten und zarteſten Liebe. Und ſie „ſchauten." In jener ſelbigen Stunde offenbarte Gottes Majeſtät Sich in ihren mannichfachen Formen und Geſtalten: als Erbarmen und als Strenge, als Gerechtigkeit und als Vergebung, als Gnade und Friede und Erlöſung. Und mitten hindurch durch alle dieſe immerwechſelnden Klänge und Viſionen rollte das göttliche Wort: „Ich bin der Ewige, Jehovah, dein Gott, einiger Gott!" . . . .

In dieſen und ähnlichen Zügen iſt die weite und allumfaſſende Natur des monotheiſtiſchen Glaubens und Zurufes in jenen alten Documenten dargelegt, auf welche wir wiederum, und von einem neuen Geſichtspunkt aus, die Aufmerkſamkeit unſerer Leſer zu lenken beabſichtigen. Wenn wir, bei einer früheren Veranlaſſung, es verſuchten, aus ſich ſelbſt heraus, ihre Ziele und Zwecke, ihre Poeſie und Proſa, ihr Geſetz und ihre Legende zu ſkizziren, ſo wollen wir jetzt zu zeigen verſuchen, wie ſie ſein

können und sein müssen, um für die Prüfung der Phasen des
Glaubens und des Gedankens ersprießlich zu sein, die offenbar weit
getrennt sind in Zeit und Raum und Richtung; in wie weit
sie eine der wichtigsten, vielleicht die wichtigste Quelle bilden
des — Islam.

Wir sind hier nicht im Begriffe in irgend welche „Origines
Islamismi" uns einzulassen. Dies liegt gegenwärtig außerhalb
unsrer Aufgabe. Diejenigen indeß, die sich gründlich mit dem
ganzen Problem des Talmud beschäftigen wollen — soweit dies
im Bereiche des Einzelnen liegt — müssen nothwendigerweise
etwas tiefer einblicken in die Geschichte dieser Phasen. Und
mit Bezug auf den Islam scheint es, als ob die Kenntniß von
dessen Ursprung und Fortgang, dessen Lehre und Unterweisung
nicht ganz so allgemein bekannt wäre, als sie der Welt im
Großen und Ganzen sein könnten, besonders England, das „den
prächtigen Ost zu Lehen hat."

Bevor wir mit unserm Gegenstande fortfahren, den wir mit
all der Hochachtung und all der Freimüthigkeit behandeln wollen,
die der Wissenschaft in unseren Tagen zukommen, wollen wir
zurückblicken — nur wenige Jahrhunderte — und sehen was,
z. B. die großen Theologen und Gelehrten der Reformationszeit
gesagt und gedacht vom Islam, von seiner Lehre und dem Ver=
kündiger desselben.

Daniel's „Kleines Horn" bedeutet, nach Martin Luther,
Mohammed. Doch was sind des Kleinen Horn's Augen? Des
Kleinen Horn's Augen, sagt er, bezeichnen „Mohammed's Al=
koran oder Gesetz, wodurch er herrscht. In diesem Gesetz ist
nichts denn „eitel menschliche Vernunft". . . . „Denn sein Ge=
setz", wiederholt er „lehrt nichts als das, was menschliche Ein=
sicht und Vernunft wohl leiden mögen". . . Weßhalb „Christus
auf ihn niederfahren wird mit Feuer und Schwefel." Als er
dies schrieb — in seinem „Geharnischten Sermon" gegen die
Türken — im Jahre 1529 — hatte er nie einen Koran gesehen.
„Bruder Richard's" (aus dem Predigerorden) „Confutatio Al-
corani", aus dem Jahre 1300 stammend, bildete die ausschließ=
liche Grundlage seines Argumentes. Doch zu Pfingsten 1540,
berichtet er, fiel eine lateinische Uebersetzung, obgleich eine sehr
unbefriedigende, ihm in die Hände, und noch einmal kehrte er
zu Bruder Richard zurück und übersetzte seine Widerlegung ins

Deutsche, indem er seine Uebertragung durch kurze aber kräftige Anmerkungen ergänzte. Dieser Bruder Richard war, seinem eigenen Berichte zufolge, der Wissenschaft wegen nach Babylon gegangen „jener schönen Stadt der Saracenen", und zu Babylon hatte er Arabisch gelernt und war vertraut worden mit den bösen Wegen der Saracenen. Als er wohlbehalten zurückgekehrt war in seine Heimath, machte er sich daran dieselben zu bekämpfen. Und dies ist sein Anfang: — „Zur Zeit des Kaisers Heraclius stand ein Mann auf, ja ein Teufel und ein erstgeborener Sohn des Satan ... der wühlte in .... und er verkehrte mit der schwarzen Kunst und sein Name war Machumet. ..." Dies Werk machte Luther seinen Landsleuten bekannt, indem er es übersetzte und erläuterte, es mit einer Vorrede versah und mit einem Epilog abschloß. Seine Anmerkungen versteigen sich allerdings wenig höher als zu einem gelegentlichen: „O pfui! Schande über dich, du entsetzlicher Teufel, du verfluchter Mahomet!" oder „O Satan, Satan, das sollst du büßen!" oder „Das ist's, Teufel, Saracenen, Türken ist Alles ein und dasselbe!" oder „Hier riecht der Teufel eine Ratte", oder kurz „O pfui dich, Teufel!" — ausgenommen, wenn er bescheidentlich, mit einem Fragezeichen, darnach forscht, ob jene Assassinen, die nach seinem Text regelmäßig darzu erzogen sind, in die Welt zu gehen, alle weltliche Macht zu tödten und zu erschlagen, nicht vielleicht die Zigeuner sein möchten oder die „Tattern" (Tartaren); oder wenn er abbricht mit einem „Hic nescio quid dicat translator". Sein Epilog indeß ist einer speciellen Untersuchung gewidmet in Bezug darauf, ob Mohammed oder der Papst schlimmer seien. Und in den zwei und zwanzig Kapiteln dieser Untersuchung ist er zu dem Schluß=Resultat gelangt, daß Alles in Allem der Papst schlimmer ist, und daß er und nicht Mohammed der wahre „Endechrist" ist. „Wohlan", schließt er „Gott gebe uns seine Gnade und bestrafe beide, den Papst und Mohammed, mitsammt ihren Teufeln. Ich habe mein Theil gethan als ein treuer Prophet und Lehrer. Diejenigen, die's nicht hören wollen, mögen es bleiben lassen." ...

In ähnlichen Ausdrücken spricht der gelehrte und sanfte Melanchthon. In einer einleitenden Epistel zu einem Wiederabdruck eben jenes lateinischen Korans, der Luther so sehr mißfiel, findet er Fehler an Mohammed, oder vielmehr, um seine

eigenen Worte zu gebrauchen, er denkt, daß „Mohammed inspirirt ist vom Satan", weil er „nicht erklärt, was Sünde ist",
und ferner „da er den Grund des menschlichen Elends nicht zeigt."
Er stimmt mit Luther in Bezug auf das Kleine Horn — obgleich er in einer andern Abhandlung eher geneigt ist in Mohammed beides Gog und Magog zu sehen. Und „Mohammed's
Secte" sagt er „ist zusammengeblasen aus Blasphemie, Räuberei
und schändlicher Lust." Auch achtet er nicht im Geringsten darauf, womit der ganze Koran sich beschäftigt. „Auch wenn irgend
etwas weniger Possenhaftes in dem Buch wäre, so brauchte es
uns nicht irgendwie mehr zu kümmern als die Wunder der
Egypter, die Schlangen und Katzen beschworen. . . . Wäre es
nicht, daß theils diese mohammedanische Pest und theils des
Papstes Götzendienst uns längst geradewegs zu Verderb und
Untergang geführt hätten, — so möchte Gott mit Einigen von
uns Erbarmen haben!" . . .

Deswegen beschuldigte Genebrard, von päpstlicher Seite,
die deutschen Reformatoren, besonders Luther, des Versuches,
Mohammedanismus in die christliche Welt eingeführt zu haben,
und die ganze Geistlichkeit zu jenem Glauben zu verleiten. Maracci ist der Meinung, daß Mohammedanismus und Lutheranis-
mus nicht sehr verschieden seien — Beweis die bilderstürmerische
Tendenz von beiden! Systematischer stellt Martinus Alphonsus
Vivaldus genau dreizehn Punkte auf, zu beweisen, daß kein
Schatten eines Unterschiedes zwischen beiden vorhanden ist. Mohammed weist auf das hin, was geschrieben ist — das thun diese
Häretiker. Er hat die Zeit des Fastens geändert — sie verabscheuen alles Fasten. Er hat Sonntag in Freitag umgewandelt
— sie beobachten überhaupt keine Feste. Er verwirft die Verehrung der Heiligen — diese Lutheraner gleichfalls. Mohammed
hat keine Taufe — auch Calvin achtet dies Requisit nicht. Beide
gestatten Ehescheidung — und so weiter. Weßwegen Reland —
vor nur 150 Jahren — es umkehrt, nicht ohne ein Lächeln auf
seinen beredten Lippen, und wissen möchte, wie es steht in Bezug auf die Gebete für den Verstorbenen, die sowohl Mohammed
als der Papst vorschreiben, die Vermittlung der Engel, in Glei-
chem den Besuch der Gräber, die Wallfahrten zu den heiligen
Orten, die festgesetzten Fasten, das Verdienst der Werke und
das Uebrige.

Wenn es irgend einen zuverlässigen Maßstab eines Volkes
oder eines Zeitalters giebt, so ist es die Art, in welcher solches
Zeitalter oder Volk mit religiösen Phasen, die außerhalb ihres
Kreises liegen, umgeht. Wir wollen hier nicht dem wechselnden
Stand jener Erörterung nachgehen, von der wir einige wenige
Umrisse angedeutet haben, auch nicht dem schrittweisen Umschlag,
den die Meinung Europa's in Bezug auf den Islam und dessen
Begründer erlitten. Wie die albernen Verfluchungen der Pri=
deaux und Spanheim's und d'Herbelots; wie ihre „verdammten
Betrüger" und „feigen Lügner" und „eingefleischten Teufel"
und Behemoths und Bestien und Korahs und sechshundert und
sechsundsechzige, beinahe Schritt für Schritt, maßvolleren Pro=
testen wichen, gesitteteren Namen, weniger schmähenden Miß=
deutungen sowohl des Glaubens als des Mannes: bis Goethe
und Carlyle auf der einen und jene moderne Phalanx der For=
scher, die Sprenger und Amari und Nöldeke und Muir und
Dozi auf der andern Seite, die Welt im Ganzen und Großen
belehrt haben, daß Mohammedanismus etwas Lebensfähiges ist,
ausgestattet mit tausend fruchtbaren Keimen; und daß Moham=
med, welche Ansicht man auch von seinem Character (um das
unbestimmte Wort einmal zu gebrauchen) gewinnen mag, einen
Platz verdient hat in dem goldenen Buche der Menschheit.

Es giebt indeß einen andern Gesichtspunkt, der obgleich
langsamer, doch ebenso sicher in dem Bewußtsein, wenn nicht
der Welt im Allgemeinen, so doch Derjenigen Grund gewinnt,
die sich etwas genauer mit diesem Gegenstande eingelassen haben.
Es ist dies derjenige, daß der Mohammedanismus dem Juden=
thum mehr verdankt als dem Heidenthum und dem Christenthum.
Wir wollen einen Schritt weiter gehen. Es sind nicht bloß
Parallelismen, Reminiscenzen, Anspielungen, technische Ausdrücke
und dergleichen des Judaismus, dessen Lehre und Dogma und
Ceremoniell, dessen Halachah und dessen Haggadah, (Worte, die
wir ausführlich anderswo erklärt haben*) und die man ganz
kurz wiedergeben kann durch „Gesetz" und „Legende") die wir im
Koran finden;**) doch halten wir den Islam weder für mehr

---

*) Siehe Eman. Deutsch „der Talmud", S. 18.

**) Verschiedene derselben sind hervorgehoben von Maracci, Reland,
Mill, Sale bis zu Geiger (1833) — dem facile princeps auf diesem Ge=
biet — Muir, Nöldeke, Rodwell u. s. w.

noch weniger als den Judaismus für Arabien geeignet — in
höherem Grade die Apostelschaft von Jesus und Mohammed.
Ja, wir glauben in der That, daß ein großer Theil solchen
Christenthums als es seinen Weg in den Koran gefunden hat,
ihn gefunden hat durch jüdische Kanäle.

Wir werden über diese Dinge seiner Zeit sprechen. In=
zwischen wollen wir für einen Augenblick zu gewissen mittel=
alterlichen Meinungen übergehen sowohl über Christenthum als
Islam, die unsere Leser wahrscheinlich in Erstaunen versetzen
werden. Sie gehören „sehr großen Autoritäten der Judaeo=
Arabischen" Zerstreuung in Spanien an: — dem Maimuni, ge=
wöhnlich Maimonides, und Jehuda Al=Hassan ben Halevi genannt.
Der Erstere, am Schluß seiner „Digesten des jüdischen Ge=
setzes", spricht furchtlos von Christus und Mohammed als von
Herolden der endlichen Messianischen Zeit. Indem sie die
Welt anfüllen mit der Botschaft vom Messias, mit den Worten
der Schrift und deren Vorschriften, haben sie, sagt er, veranlaßt,
daß diese erhabenen Begriffe und heiligen Worte über die
entferntesten Enden der Erde verbreitet worden sind. Der Letz=
tere — sowohl ein lieblicher Sänger als ein großer Philosoph —
schrieb ein Buch in arabischer Sprache unter dem Titel „Kusari",
worin ein Jude, ein Christ und ein Mohammedaner eingeführt
werden, ihren respectiven Glauben zu vertheidigen und zu er=
klären vor dem König der Chazaren — dem Könige des Lan=
des, das heute die Krim heißt — der im zehnten Jahrhundert
unserer Zeitrechnung, zusammen mit seinem ganzen Volke den
Judaismus angenommen hatte. Der jüdische Sprecher vergleicht
die durch Moses gegründete Religion einem Setzkorn, das schein=
bar in seine Elemente aufgelöst, für das Auge verloren worden
ist; während es in Wahrheit die Elemente ringsumher sich assi=
milirt und seine Hülse abwirft. Und am ruhmreichen Ende
werden beide, jenes und die Dinge ringsumher, zusammenwachsen
gleichwie Ein Baum, dessen Frucht die Messianische Zeit ist.
Die genaue Beschreibung des Islam, die der Verfasser dem
mohammedanischen Mitredner in den Mund legt, ist so schön
und correct, daß sie im Eingange eines religiösen mohammeda=
nischen Compendiums stehen könnte.

Doch hierin waren sie nur die Exponenten der wirklichen
Empfindung der Synagoge über diesen Gegenstand von den

frühesten Zeiten her; denn so überraschend es scheinen mag, was wir gewohnt sind als die ausdrücklich moderne Idee von den „drei Semitischen Glaubensartikeln" zu betrachten — welche nach ihrer fundamentalen Einheit auf der einen Seite und ihren wechselnden, ergänzenden Dogmen auf der andern, offenbar darauf hinausgehen die ganze Menschheit in die Schranke des Monotheismus zu führen — ist in jenen talmudischen Oraceln vorbildlich aufgefunden worden. Diejenigen, welche sie verfaßten, wurden in Wahrheit die Weisen genannt, die Schüler der Weisen. Sie prophezeiten nicht: sie würden entsetzt zurückgefahren sein vor einem ähnlichen Begriffe; aber mit einem poesieerfüllten Herzen verbanden sie oftmals wunderbaren Scharfsinn philosophischer Einsicht. Und während sie so die kleinsten Punkte des Gesetzes mit eindringender logischer Schärfe enthüllen, setzen sie uns, während sie unsere Einbildungskraft durch ihre glänzende Lehre in Zauberbann halten, bisweilen in Erstaunen durch Anschauungen, die offenbar ihrem Gegenstande sehr fernab liegen; Anschauungen indeß, die so großartig, so erleuchtet, so „fortgeschritten" sind, daß wir lesen und wieder lesen müssen, um zu glauben: — ebenso wie das Zeitalter der Renaissance überrascht und erstaunt war, als der langbegrabene Gesang und die Weisheit des Alterthums ihre göttlichen Lippen von Neuem zu öffnen berufen wurden.

Parallel mit jenen durchsichtigen Allegorien, die auf Sinai allen menschlichen Wesen kundgethan wurden oder mit jenen anderen vom Namen „Gott", der in siebzig Sprachen auf Moses Wunder-Stab geschrieben war; oder von „Josuah, der das Gesetz in siebzig Steine einmeißelte auf der andern Seite des Jordan" — geht die klare und deutliche Idee gewisser apostolischer monotheistischer Nationen hindurch. Sie sind drei an der Zahl. Das sind unsere drei „Semitischen Glaubensartikel."

Wir wollen aus mannigfachen Varianten, die in mehr oder weniger poetische Art diesen Gedanken einkleiden, der seinen Widerhall und Wider-Widerhall durch die höchsten Autoritäten der Synagoge gefunden hat, und der ebenso oft gebraucht und mißbraucht ist in der wüthenden jüdisch-mohammedanischen Controverse des Mittelalters, dasjenige auswählen, was wir für das Aelteste halten. Dies findet sich in dem Sifre, einem Werke von zwar etwas späterer Redaction, das älter ist als die

Mischnah und oft im Talmud als eine der ältesten Quellen desselben erwähnt wird.

Eine homiletische Deutung von Numeri und Deuteronomion verweilt es liebevoll bei dem letzten Kapitel — dem Abschieds= segen des Moses. Die Tanchuna leitet dies Kapitel mit der treffenden Bemerkung ein, daß, während durch alle andern im Pentateuch erwähnten Segnungen — des Noah, des Abra= ham, des Isaac, des Jakob — irgendwelcher Mißklang tönt, irgendwelche rauhe Worte, wodurch der vorangegangene Segen auf einige besondere Häupter concentrirt ist und Andere aus= schließt, das Sterbelied des Moses ein ununterbrochener Fluß von Harmonie ist. Die goldenen Segnungen desselben fließen alle in gleicher Weise und Keiner steht weinend zur Seite. Und das Sifre fährt in einer Art Paraphrase der speciellen Verse selbst wörtlich folgendermaßen fort: — „Der Herr kam vom Sinai", das bedeutet: — das Gesetz war gegeben in hebräischer Sprache"; „und ging aus von Seïr zu ihnen", das heißt, es war ebenfalls in griechischer Sprache (Rumi) gegeben; „und er erschien vom Berge Paran", das bedeutet in arabischer Sprache" . . . Eine vierte Sprache wird hinzugefügt „Er kam mit den tausend Heiligen" und das bedeutet Aramäisch." Auch wenn man die typische Natur der drei geographischen Namen, auf welche angespielt wird, zugiebt — und es ist nicht zu leugnen, daß Sinai und Seïr beständig gebraucht werden für Israel und Esau — Edome — Rome, während Faran deutlich für Arabien steht, mag es nun der Name der Berge um Mecca herum sein oder nicht — scheint die Verbindung der „tausenden von Heiligen" mit Aram auf den ersten Blick nicht ganz klar — wenn es nicht Ezra's Puritaner bezeichnet. Was indeß ganz klar ist in jetziger Zeit ist dies, daß „Aramäisch" Typus des Judaismus ist; daß der Judaismus, der sowohl den Hebraismus als den Israelitismus verdrängt hat, nachdem er seine lebens= fähigste Reformation unter Aryanischen, besonders Zoroastrischen Auspicien erfahren, während des Exils nacheinander an der Wiege sowohl des Christenthums stand als des Mohammeda= nismus. Aramäisch bezeichnet jene Phase während und seit der babylonischen Gefangenschaft, deren legitimer und endgültiger Ausdruck „das Mündliche Gesetz" ist, der Talmud, jener Talmud, der mit der einen Hand — gleich jenen Puritanern — eherne

Wälle aufwarf um den geheiligten Bezirk des Glaubens und der Nationalität, und mit der andern diese innersten Bezirke zur Schau stellte in blumigen Labyrinthen, von exotischen Farben, von überwältigendem Wohlgeruch — „ein süßduftender Geruch dem Herrn."

Als der Talmud vollendet war (wir meinen endgültig abgeschlossen — nicht geschrieben), ward der Koran begonnen. Post hoc — propter hoc. Wir beabsichtigen nicht uns der Vorstellung hinzugeben, als ob die talmudischen Autoren den Koran prophezeit hätten. Im Gegentheil, hätten sie die Natur desselben gekannt, so würden sie kaum den Ausdruck „Offenbarung" davon gebraucht haben. Doch hier ist der Uebergang ein wundervolles Zeichen ihrer klaren Schätzung der Cultur-Elemente, die durch die Nationen und Stämme rings um sie herum dargestellt waren. Hellas-Rom und Arabien schienen ihnen die geeignetsten vorbereitenden Mittelglieder oder vorläufigen Stufen dieser großen Sinaitischen Mission des Glaubens und der Cultur. Post hoc — propter hoc. Die hebräische, die griechische, die aramäische Phase des Monotheismus, das Alte Testament, das Neue Testament, der Targum und der Talmud erfüllten alle in ihrer Sphäre was ihnen geboten war. Die Zeiten waren reif für die arabische Phase.

[Wir müssen protestiren gegen die Auslegung, die diese Stelle von einigen unserer Zeitgenossen erfahren hat. Die historische Reihenfolge der Ereignisse einzig und allein ist beschrieben worden; es war nicht unsere Absicht, die Ansprüche und Autorität des Judaismus, des Christenthums und des Islams zu prüfen; und es ist ein vollkommenes Mißverständniß unserer Worte, daß wir die drei Religionen auf gleiche Linie stellten. — Zweite Auflage.]

Im Jahre 571 ward Mohammed geboren, oder der, der zugleich mit seiner Mission mit jenem bezeichnenden Namen des „Gepriesenen" erscheint, unter welchem man annahm, daß er im Alten und Neuen Testament prophezeit sei.*) Es war nur wenige

---

*) Man hat schwere Zweifel, ob dies wirklich der Name des Propheten gewesen ist. Ursprünglich Kothan genannt, hält man dafür, daß er zuerst den Beinamen Mohammed angenommen habe, entweder zugleich mit seiner Mission oder vielleicht, nicht aber vor seiner Flucht. Es ist nicht leicht, genau auf die Stelle hinzuweisen, im Alten oder Neuen Testament, auf

Jahre nach dem Tode jenes byzantinischen Louis XIV., Justinian's, der darnach strebte Einen Staat zu schaffen, Ein Gesetz, Eine Kirche durch die ganze Welt; der das erste Interdict auf den Talmud gelegt hat, der höchst bezeichnend Baumaterial von all den berühmten „Heiden"=Tempeln — des Baal von Baalbeck und der Pallas von Athen, der „Isis und Osiris" von Heliopolis und der Großen Diana von Ephesus, — vereinigte, damit wieder aufzurichten die Hagia Sophia zu Constantinopel, dieselbe Hagia Sophia, in der jetzt die ernsten und gelehrten Doctoren nicht aufhören den Koran zu ergründen. In jenen Tagen erwartete Arabien seinen Propheten. Von den Juden in Arabien wird gesagt, daß sie gewacht und gewartet haben auf sein Erscheinen.

Wenige Religionen sind am hellen Tage gegründet wie der Islam, der jetzt seine Gläubigen nach mehr als hundert Millionen zählt und der sein Gebiet erweitert von Tag zu Tag, ohne einen Helfer. In hohem Grade klar und scharf hebt Mohammed sich ab gegen den Horizont der Geschichte. Diejenigen die ihn kannten, nicht auf Stunden, oder Tage oder Wochen, sondern von der Geburt bis zum Tode, fast sein ganzes Leben hindurch, zählen nicht nach Einzelnen und Dutzenden, sondern nach Tausenden über Tausenden, deren Namen und Biographieen gesammelt worden sind; und die von ihm Zeugniß ablegten waren Männer in der Fülle und Reife des Lebensalters und der Weisheit, einige seine bittersten Feinde. Kein vorhandener religiöser Codex trägt so ausdrücklich und klar die Merkmale und Züge Eines Geistes, von Anfang bis zu Ende, wie der Koran, obgleich was

---

die der Prophet selbst anspielt, die ihn mit Namen prophezeie: als Mohammed im Alten und als Ahmad, eine andere Form desselben Namens, im Neuen. Bezüglich des letzteren ist wahrscheinlich Johannes Paracletus (von Einigen verbessert in περικλυτος) gemeint, was im Arabischen Ahmad sein könnte. Was das Alte Testament betrifft, wird die Vulgata — jene zuverlässigste Zufluchtstätte jüdischer Tradition, wie sie dem Hieronymus von seinen Rabbinern übermittelt ward — am besten uns aushelfen. Es ist kein Zweifel, daß in den Augen der Targumisten und Haggadisten mit jener Wurzel hamad im Allgemeinen eine Art Messianischer Bedeutung verbunden ist. Und wenn Haggai II, 8 wir das Wort „Hemdah" = eine kostbare Sache, gegen Grammatik und Zusammenhang wiedergegeben finden durch „Desideratus — omnium gentium", so können wir versichert sein, daß die Synagoge die Stelle als Messianisch ansah, obgleich kein sehr directer Beweis vorhanden ist.

die Materialien und den Inhalt betrifft, eine, wie wir schon angedeutet haben, unglaublich seltsame Geschichte zu berichten ist. Es wird daher, um besser zu verstehen, wie Mohammed diese Materialien ganz zu seinem Eigenthum machte, wie er sie formte und gestaltete und zu demselben hinzufügte, zuerst den Mann selbst zu prüfen und zu schätzen angemessen sein, und die Wechselfälle, die seinen Geist beeinflußten — sein Wirken und sein Kämpfen, sein Verzweifeln und seinen Triumph.

Wir thun das in aller Kürze. Und obgleich es an das Unmögliche zu streifen scheint, den Mann von seinem Buche zu trennen, so wollen wir dennoch den Versuch machen, sie zu trennen. Es ist wahr, jene mehr als zwanzig Jahre, welche die Abfassung desselben beanspruchte, sind darin gleichsam einbalsamirt, mit all ihrem seltsamen Glückswechsel, mit ihren Schrecknissen und Visionen, ihren Flüchen und ihren Gebeten, ihren Kriegsberichten und ihren Schlachtordnungen; der Koran beleuchtet und erläutert seines Autors Leben in der That so gut, daß bis jetzt jeder Biograph (und es hat deren viele und große gegeben), in Uebereinstimmung mit seiner Ansicht, eine verschiedenartige Anordnung in jenem Buche aufgestellt hat. In seiner gegenwärtigen Gestalt ein vollständiges Chaos, was chronologische oder logische Ordnung der Kapitel oder sogar der Verse betrifft, wird es sich in wunderbarer Weise all und jeder Anordnung darleihen. Man kann es durcharbeiten, wie es geschehen ist, rückwärts oder vorwärts. Von irgend etwas vermuthet man, daß es zu einer gewissen Zeit geschehen sei: hier ist ein Vers, der wie eine unbestimmte Anspielung darauf aussieht: deßhalb gehört der Vers jener Periode an und bestätigt das zuvor zweifelhafte Factum. Hier ist ein Vers, der auf irgend ein Ereigniß oder etwas Anderes, wovon nichts bekannt ist, anspielt, und das Ereigniß wird feierlich registrirt, ein passendes Datum wird demselben gegeben, und der Vers findet seine chronologische Stelle. Doch wir haben nichts anzuordnen und deßhalb verfahren wir so, wie wir es thun, obgleich es weniger leicht und weniger pittoresk ist den Autor und das Buch so unabhängig von einander als es möglich ist zu betrachten, auf Mohammeds ausdrücklichen Wunsch und indem wir ihm einfach Gerechtigkeit widerfahren lassen. Er wünscht, daß der Koran nach seinem Inhalt beurtheilt werde. „Hic Rhodus, hic salta", scheint er zu rufen. Das

Buch ist sein Zeichen, sein Mirakel, seine Mission. Seine eigene Geschichte ist ein andrer Gegenstand. Und ohne vorgefaßte Meinungen — weder als Panegyriker noch als Advocatus Diaboli — wollen wir versuchen, dieselbe zu erzählen und dann unbehelligt sein in unserer Geschichte des Buches. Wenn wir uns zu unserm Vorhaben der „Sunnah" bedienen, so wird uns Niemand tadeln. Dieser Midrasch des Mohammedanismus, wie wir jene traditionellen Berichte von des Propheten Reden und Thaten nennen können, sowohl im legendarischen als im juristischen Sinne des Wortes, hat, wiewohl oftmals in exaltirten Tonarten und Färbungen, uns viel von seinem äußern und innern Leben erzählt. Behandelt mit derselben geduldigen Sorgfalt, mit der alle Documente von dem unparteiischen Historiker behandelt werden, gewährt uns derselbe kostbare Belehrung.

Wir haben Ursache viel von dem zu verwerfen, was lange wiederholt worden ist über Mohammeds früheres Leben. Alles was wir wissen, oder sicher zu wissen glauben, ist dies, daß er seinen Vater vor seiner Geburt verlor und seine Mutter als er sechs Jahr alt war. Sein Großvater, der ihn adoptirt hatte, starb zwei Jahr später und sein armer Onkel Abu Tâlib trug dann für ihn Sorge. Obgleich einer hinlänglich guten Familie angehörend, den Kureisch, obgleich krank, der Epilepsie unterworfen, hatte Mohammed frühzeitig zu arbeiten für seinen Lebensunterhalt. Er hütete die Heerden gerade wie Moses, David und alle Propheten es gethan hatten, pflegte er zu sagen. „Pflücke mir die schwärzesten dieser Beeren", rief er einmal zu Medina, als er, Prophet und König, einige Leute vorüberkommen sah mit Beeren von dem wilden Arak-Strauche. „Pflücke mir die schwärzesten, denn sie sind süß — gerade solche war ich zu sammeln gewohnt, als ich die Heerden Mecca's hütete zu Ajyâd". Von den Meccanern indeß wurde das Hüten der Heerde in der That als eine sehr niedrige Beschäftigung angesehen. In seinem vier und zwanzigsten Jahre nahm eine reiche Wittwe von Mecca, Chadija ungefähr achtunddreißig Jahre alt und zweimal zuvor verheirathet, seine Dienste in Anspruch. Er begleitete ihre Karawanen auf verschiedenen Reisen, wahrscheinlich als Kameel-Treiber. Plötzlich bot sie ihm ihre Hand an und erlangte die Einwilligung ihres Vaters, indem sie ihn berauscht machte. Sie gebar Mohammed zwei Söhne, von denen er den einen nach einem volksthümlichen Götzen benannte, und vier Töchter. Beide Knaben starben früh.

Dies ist die ganze Geschichte von Mohammeds äußerem Leben vor der Uebernahme seiner Sendung. Die stets wiederholte Geschichte, er sei in seinem fünfunddreißigsten Jahr zufällig zum Schiedsrichter erwählt worden in einem Streite über die Replacirung des Schwarzen Steines in der Kaaba, ist mindestens höchst fraglich, wie es seine wiederholten Reisen nach Syrien mit seinen Oheimen sind, auf die wir einem gewissen Mönche gegenüber zurückkommen werden, der an verschiedenen anderen Stellen erscheint und der sich als mehr oder weniger mythisch erweist.

Mohammeds persönliche Erscheinung, eine Sache von einiger Wichtigkeit, besonders bei einem Propheten, ist fast Zug um Zug von den besten authentischen Ueberlieferern in folgender Weise portraitirt worden: —

Er war von mittlerer Höhe, eher mager, doch breitschulterig, von breiter Brust, stark an Knochen und Muskeln. Sein Kopf war plump, kräftig entwickelt. Dunkles Haar — leicht gekräuselt — floß ihm in dichter Masse beinahe bis zu den Schultern herab. Auch im vorgeschrittenen Alter war es mit ungefähr nur zwanzig grauen Haaren gesprenkelt — die durch die schweren Kämpfe seiner „Offenbarungen" hervorgerufen waren. Sein Gesicht war von ovaler Form, von leicht gebräunter Farbe. Feine, lange, gewölbte Augenbrauen waren getrennt durch eine Ader, welche im Augenblicke der Leidenschaft sichtbar pulsirte, große schwarze ruhelose Augen schienen hervor unter langen schweren Augenbrauen. Seine Nase war groß, etwas adlerartig. Seine Zähne, auf die er große Sorgfalt verwandte, waren wohl gereiht, blendend weiß. Ein Vollbart umrahmte sein männliches Gesicht. Seine Haut war klar und weich, seine Gesichtsfarbe „roth und weiß", seine Hände waren wie „Sammt und Seide" — gerade wie die eines Weibes. Sein Schritt war lebhaft und elastisch, doch fest und wie der von Jemand „der von einem hochgelegenen zu einem niedrigen Platze" herabsteigt. Wenn er sein Gesicht wandte, pflegte er zugleich seinen wohlbeleibten Körper zu wenden. Sein ganzer Gang und seine Erscheinung waren würdig und imponirend. Sein Wesen war mild und nachdenklich. Sein Lachen war selten mehr als ein Lächeln. „Oh mein kleiner Sohn" lautet eine Ueberlieferung „hättest du ihn gesehen, du

würdest gesagt haben, du hättest eine Sonne aufgehen sehen."
„Ich", sagt ein anderer Zeuge „sah ihn in einer Mondschein=
Nacht, und bald blickte ich auf seine Schönheit und bald blickte
ich auf den Mond, und sein Gewand war roth gestreift, und er
war für mich glänzender und schöner als der Mond."

In seiner Kleidung war er äußerst einfach, obgleich er
große Sorgfalt auf seine Person verwandte. Sein Essen und
Trinken, sein Anzug und seine Nahrung, behielten, auch als er
die Fülle der Macht erreicht hatte, ihre fast naturwüchsige Art.
Er hielt etwas darauf alles „vom Ueberfluß" fortzugeben. Der
einzige Luxus, den er sich verstattete, waren neben Waffen, die er
höchlich schätzte, gewisse gelbe Stiefel, ein Geschenk vom Negus von
Abyssinien. Parfums indeß liebte er leidenschaftlich, da er von sehr
empfindlichem Geruchssinn war. Starke Getränke verabscheute er.

Seine Constitution war äußerst zart. Er war in nervöser
Weise furchtsam vor körperlichen Leiden, er stöhnte und seufzte
dabei. Außerordentlich unpraktisch in allen gewöhnlichen Dingen
des Lebens, war er mit mächtiger Einbildungskraft begabt, mit
Erhabenheit des Geistes, Zartheit und Feinheit der Empfindung.
„Er ist sittsamer als eine Jungfrau hinter ihren Gardinen",
sagte man von ihm. Er war höchst nachsichtig gegen seine Unter=
gebenen, er hätte nie erlaubt, daß sein närrischer kleiner Diener
ausgescholten würde, was er auch immer gethan. Zehn Jahre,
sagt Anas, sein Diener, war ich um den Propheten und er sagte
nie ein „Hm!" zu mir. Er war sehr zärtlich gegen seine Familie.
Einer seiner Knaben starb an seiner Brust, in dem rauchigen Hause
der Amme, eines Grobschmieds Weib. Er war Kindern sehr zu=
gethan, er hielt sie auf der Straße an und streichelte ihnen die klei=
nen Wangen, er hat nie in seinem Leben ein Kind geschlagen. Der
schlimmste Ausdruck, den er je in der Unterhaltung zu gebrauchen
pflegte, war „Was ist in ihn gefahren? — möge seine Stirne
schwarz werden von Schmutz!" Als er aufgefordert ward Jeman=
den zu verfluchen, antwortete er, ich bin nicht gesandt zu ver=
fluchen, sondern ein Erbarmen zu sein für die Menschheit. „Er
besuchte den Kranken, folgte jeder Todtenbahre, die er antraf,
nahm die Einladung eines Sklaven zum Mittagsessen an, besserte
seine Kleider aus, melkte seine Ziegen und wartete sie selbst",
berichtet zusammenfassend eine andre Ueberlieferung. Er zog nie
seine Hand zuerst zurück aus eines Andern Hand und wandte

sich nicht, bevor der Andre sich gewandt hatte. Seine Hand, lesen wir anderswo — und Traditionen gleich diesen geben ein gutes Merkmal dafür ab, wie die Araber erwarteten, daß ihr Prophet sein müsse — war die freigiebigste, seine Brust die muthvollste, seine Zunge die wahrhaftigste; er war der treueste Beschützer derer, die er beschützte, der Süßeste und Liebenswürdigste in der Unterhaltung; diejenigen, die ihn sahen, wurden plötzlich von Ehrfurcht ergriffen, diejenigen, die ihm nahe kamen, liebten ihn, die ihn schilderten pflegten zu sagen: „Ich habe nie seines Gleichen gesehen weder vorher noch nachher." Er war von großer Schweigsamkeit, und wenn er sprach, sprach er mit Nachdruck und Ueberlegung, und Niemand konnte je vergessen was er sagte. Er war indeß sehr nervös und durchaus ruhelos, oft gedrückten Sinnes, niedergeschlagen an Herz und Auge. Doch pflegte er zu Zeiten dieses Brüten plötzlich abzuschütteln, heiter zu werden, gesprächig, scherzhaft, besonders unter den Seinen. Er erquickte sich dann daran, kleine ergötzliche Geschichten zu erzählen, Feenmärchen und dergleichen. Er konnte ausgelassen sein mit den Kindern und spielen mit ihrem Spielzeug — wie er, nach seines ersten Weibes Tod, zu spielen gewohnt war mit den Puppen, die ihm sein neues noch in der Kindheit stehendes Weib in's Haus gebracht hatte.

Die gemeinen Sorgen des Lebens waren von ihm genommen durch die mütterliche Hand der Chadija: doch schwerere Sorgen schienen jetzt seine Seele zu verdüstern, niederzuziehen sein ganzes Wesen. Im Verlaufe der Zeit ward Trübsinn und Elend seines Herzens mehr und mehr schreckenerregend. Er vernachläßigte seine häuslichen Angelegenheiten und floh mehr und mehr alle Menschen. „Einsamkeit ward eine Leidenschaft für ihn", meldet die Ueberlieferung. Er hatte jetzt den Meridian seines Lebens überschritten. Niemand reichte ihm die Hand der Antheilnahme dar. Er hatte nichts gemein mit den Uebrigen und er war sich selbst überlassen.

Viele chronologische Streitigkeiten sind entstanden in Bezug auf das Datum des Ereignisses, von welchem wir zu sprechen im Begriffe sind. Soviel indeß scheint sicher, daß Mohammed wenigstens vierzig Jahre alt war, als er, der Gewohnheit von Einigen seiner Landsleute gemäß, den Rajab, den Monat des allgemeinen Waffenstillstands unter den alten Arabern, auf dem Berge Hirâ, eine Wegstunde von Mecca, zuzubringen kam.

Dieser Berg, der jetzt Berg des Lichtes heißt, besteht aus einem weiten, dürren Felsen, der durch hohle und gespaltene Schluchten zerrissen, einsam dasteht in dem vollen weißen Glanz der Wüstensonne, schattenlos, blumenlos, ohne Bach oder Quelle. Auf diesem Felsen, in einer kleinen dunkeln Höhle, lebte Mohammed allein, brachte Tag und Nacht zu, gemäß der einstimmigen Ueberlieferung im „Tahannoth."

Die ermüdenden Vermuthungen, die vom Tage eben jener Traditionen an bis auf den heutigen aufgestellt worden sind in Bezug auf Bedeutung und Ableitung dieses Wortes, können nicht mitgetheilt werden. Es ist auf die Folter gespannt worden von Lexikographen, Grammatikern, Commentatoren, Uebersetzern, Forschern aller Farben und Zeitalter und — es thut uns leid hinzuzufügen — ohne befriedigenden Erfolg. Der allgemeinen Meinung nach ergab der Zusammenhang eine Art Zeichen, doch die Etymologie des Wortes und dessen technische Bedeutung sind ein Geheimniß geblieben ungeachtet mancher verschiedenen Lesarten der einzelnen Buchstaben desselben, die von reiner Verzweiflung eingegeben sind. Einer der letzten und größten Forscher, Sprenger, zählt es unter die „unverdaulichsten Bissen" unter den vielen seltsamen und veralteten Worten, die in Verbindung mit Mohammed und dem Koran uns entgegentreten.

Wir beabsichtigen nicht mehr als Andeutungen — obwohl sehr sorgfältig gewählte — an die Hand zu geben — denn wir müssen, zu unserm Bedauern, unser ganzes philologisches Gerüst dahinten lassen. In Betreff dieses höchst geheimnißvollen Wortes haben wir eine Vorstellung, daß es erklärt werden kann, gleich Dutzenden anderer harten Bissen im Koran, durch die jüdische, hebräische oder aramäische mündliche Sprache der Periode, wie dieselbe höchst glücklicherweise erhalten ist im Talmud, dem Targum, dem Midrasch. Das Wort Tahannoth braucht nicht geändert zu werden in Tahannof, oder irgend eine andere wunderliche Form, um mit der traditionellen Bedeutung desselben zu stimmen, weil wir glauben, daß es bloß das hebräische Wort Tehinnoth ist, das leibhaftig in der Bibel vorkommt und „Bitten, Gebete" bedeutet. Der Wechsel der Vocale ist genau derselbe wie der von dem hebräischen Gehinnom (Neues Testament Gehanna) in das Koranische Jahannam. Unter den Juden wurde das Wort technisch für eine gewisse Classe andächtiger

Gebete, gewohnheitsmäßig verbunden mit Fasten während des Monats, der dem Neujahrstag vorangeht. Es ist allgemeiner bekannt als ein Ausdruck für private Andachtsübungen das ganze Jahr hindurch, besonders für fromme Weiber. — Dies indeß nur nebenbei.

Andachts= und ascetischen Uebungen nun ergab sich Mohammed in seiner wilden Einsamkeit. Und einige Zeit darauf überkamen ihn Träume „funkeld wie der Thau der Rose." Als er seine Höhle verließ umherzuwandeln auf seiner felsigen Feste, neigten die wilden Kräuter, die in den Spalten wuchsen, ihr Haupt, und die Steine, die auf seinem Wege verstreut lagen, riefen „Salâm! Heil, o Prophet Gottes!" Und entsetzt, ohne es zu wagen, sich umzublicken, floh er zurück in seine Höhle. Eben jene Höhle ist jetzt eine Station für die heilige Pilgerfahrt geworden, und bei derselben sprach jener frühe Vorgänger unsrer Burckhardts und Burtons „Hajj Joseph Pitts von Exon", der entlaufene Schiffsjunge, sich von dem Urtheil los „daß er in der Höhle gewesen sei und bemerkt habe, daß dieselbe keineswegs schön geschmückt sei, worüber er gestaunt."

Plötzlich mitten in der Nacht — der „gesegneten Nacht Al Kadar", wie der Koran sich ausdrückt — „und wer will dir begreiflich machen, was die Nacht Al Kadar ist? Jene Nacht Al Kadar, die besser ist als tausend Monate .... die Frieden bringt und Segnungen bis zur rosigen Dämmerung" — in der Mitte jener Nacht erwachte Mohammed von seinem Schlummer und hörte eine Stimme. Zweimal rief sie, drängend, und zweimal sträubte er sich und lehnte ihren Ruf ab. Doch er ward schmerzhaft gepreßt, als ob ein furchtbares Gewicht auf ihn gelegt worden sei." Er glaubte, seine letzte Stunde sei gekommen. Und zum dritten Male rief die Stimme: —

„Rufe!" . . . .

Und er sagte „Was soll ich rufen?"

Kam die Antwort „Rufe — In deinem Namen Herr" . . .

Und dies sind, gemäß der fast einstimmigen Ueberlieferung, der beinahe alle alten und neuen Autoritäten gefolgt sind, die ersten Worte des Koran. Unsre Leser werden dieselben im sechsundneunzigsten Kapitel jenes Buches finden, wohin sie von den Redactoren verbannt sind.

Wir beeilen uns hinzuzufügen, daß, wenn wir sagten, der obige Spruch fände sich im sechsundneunzigsten Kapitel des Koran, wir nicht ganz genau gesprochen haben. Die Worte, welche wir „Rufe" zu übersetzen versucht haben, werden sich auf ebenso verschiedene Art wiedergegeben finden als es Uebersetzer gab, Forscher, Erklärer, alte und neue. Man wird finden: Lies vor, Bete, Lies, Verkünde, Rufe aus, Lies die Schriften — besonders der Juden und Christen — und eine ermüdende Mannigfaltigkeit andrer Bedeutungen, die dem Worte sicherlich zukommen, obgleich der größere Theil derselben von unverkennbar späterem Datum ist und in diesem Falle ganz und gar nicht in Betracht kommt.

Unsre Gründe, von diesen durch die Zeit geehrten Uebersetzungen abzuweichen, waren von verschiedener Art. In erster Linie ist die betreffende arabische Wurzel identisch mit der unsrigen, und in dieser Grundwurzel liegen alle anderen Bedeutungen verborgen. „Schrei" (Cry) ist eins der sehr wenigen onomatopoetischen Worte, die noch sowohl dem Semitischen als dem Indo-Europäischen gemeinsam sind. Die Bedeutungen desselben sind in der That mannigfaltig; von dem unbestimmten Laut, der hergenommen wird vom Vogel oder Baum, wie im Sanskrit, bis zu unsrer englischen Verwendung vom schweigenden Weinen; von dem Hebräischen „aus der Tiefe schreien zum Tiefen" bis zu dem technischen Aramäischen „die Schrift lesen" — in Gegensatz zu die „Mischnah lesen" — von dem seltsamen deutschen „Schrei" bis zu der griechischen feierlichen Proclamation des Herolds — ist es überall dieselbe Grundwurzel, zweisylbig oder dreisylbig.

Zweitens, weil die hauptsächlichen Worte dieser Ueberlieferung stellenweise dieselben sind — eine andere Thatsache, die, soweit wir sehen, bisher nicht bemerkt worden ist — mit einer gewissen Stelle im Jesaia „Die Stimme sagte Rufe! (Cry) und ich sagte, was soll ich rufen?" — eine Stelle, in welcher indeß Niemand bis jetzt das regierende Verbum durch Lies vor, Lies, Lies die Schrift übersetzt hat, obgleich niemals ein Zweifel in Bezug darauf bestanden hat, ob Jesaia die Schrift kannte und lesen konnte, während Mohammed deutlich läugnete, ein „Gelehrter" zu sein.

Und, drittens, weil von dieser Wurzel ebenfalls das Wort

Koran abgeleitet wird. Abgeleitet: denn in dem ganz speciellen jüdischen Sinne von Mikra, Schrift, gab Mohammed jenen Namen jedem einzelnen Fragment jenes Buches, bis es, ebenso wie das Wort Mischnah, dessen collectiver und allgemeiner Name wurde.

Wir fassen jetzt unsern Bericht jener ersten Offenbarung und der unmittelbaren Folgen derselben zusammen, wie die Ueberlieferung es erhalten hat. Es ist dies von Bedeutung. Als die Stimme zu reden aufgehört hatte, die ihm erzählte, wie von den kleinsten Anfängen an der Mensch ins Dasein gerufen und erhoben sei durch das Verständniß und die Kenntniß des Herrn, der im höchsten Grade gütig ist und der „mit der Feder" das offenbart hat, was die Menschen nicht wußten, erwachte Mohammed von seiner Ekstase und fühlte etwas, als ob „ein Buch" in sein Herz geschrieben worden sei. Ein großes Zittern überkam ihn, so daß sein ganzer Körper bebte, und der Schweiß seinen Körper hinab rann. Er eilte nach Hause zu seinem Weibe und sagte „O Chadija, was ist mir begegnet!" Er lag darnieder und sie wachte bei ihm. Als er sich erholte von seinem Paroxysmus sagte er „O Chadija, der, von dem man es nicht geglaubt hätte (er meinte sich selbst), ist entweder ein Wahrsager geworden (Kahin)*) oder ein (von Djas) Besessener — ein Wahnwitziger. Sie erwiderte „Gott ist mein Schutz, O Abu-l-Kasim! (ein Name Mohammeds, von einem seiner Söhne hergenommen), Er wird sicherlich nicht zugeben, daß dir dergleichen begegnet, denn du sprichst die Wahrheit, vergiltst nicht Böses mit Bösem, hältst Treu und Glauben, bist von gutem Lebenswandel, und freundlich gegen deine Verwandten und Freunde. Auch bist du kein Schwätzer, der umherschweift in den Bazaars. Was ist über dich gekommen? Hast du etwas Schreckliches gesehen?" Mohammed erwiderte „Ja". Und er erzählte ihr was er gesehn hatte. Darauf antwortete sie und sprach „Freue dich, o theurer Gatte, und sei guten Muthes. Er, in dessen Hand Chadija's Leben steht, ist mein Zeuge, daß du der Prophet dieses Volkes sein wirst". Dann erhob sie sich

---

*) Das Hebräische „Cohen", Priester, in herabsetzendem Sinne gleich dem Deutschen „Pfaffe". Zur Zeit Mohammeds bedeutete es einen untergeordneten Wahrsager, einen stetsfertigen Traumdeuter, der, wie Daniel, sowohl die Träume als ihre Lösungen herauszubringen hatte.

und ging zu ihrem Vetter Waraka, der alt und blind war, und „die Schriften der Juden und Christen kannte." Als sie ihm erzählte, was sie gehört hatte, rief er aus „Koddus, Koddus! — Heilig, heilig! Wahrhaftig, dies ist der „Namus", der zu Moses kam. Er wird der Prophet seines Volkes sein. Sag ihm das. Heiß ihn, tapfren Herzens sein."

Wir müssen hier einen Augenblick innehalten. Dieser Waraka hat zu vieler und unerquicklicher Erörterung Veranlassung gegeben — besonders in Betreff seiner „Bekehrung". Man vermuthete lange, daß er zuerst ein Götzendiener gewesen sei, dann ein Jude, endlich ein Christ. Es ist indeß durch neuere Untersuchungen gezeigt worden, daß, was er auch zuerst gewesen sein mag, er sicherlich gelebt hat und gestorben ist als Jude. Für unsern Sinn ist diese eine Meinung einen langen Weg gegangen, um den Punkt ins Reine zu bringen. Koddus — ist einfach das arabisirte hebräische Kadosch (Heilig). Während wir aber nicht zu beweisen brauchen, daß ein Christ sich schwerlich dieses Ausrufs bedient haben würde (ebensowenig als er von Namus gesprochen haben würde), werden wir an jene Erzählung in dem Midrasch erinnert von dem Manne, dessen Herz traurig ward in seinem Innern um deßwillen, daß er weder die Schrift noch die Mischna lesen konnte. Und eines Tages, als er in der Synagoge stand und der Vorsänger zu jenem Theil der Liturgie gelangte, in der Gottes heiliger Name gepriesen wird, stand dieser Mann auf und rief mit seiner ganzen Kraft: „Kadosch! Kadosch! Kadosch! (Heilig! Heilig! Heilig!) Und als man ihn fragte, weßhalb er so rufe, sagte er „Ich bin nicht würdig erachtet worden, die Schrift zu lesen oder die Mischna, und nun der Augenblick gekommen ist, daß ich Gott preisen möchte, soll ich nicht laut meine Stimme erheben?" „Es dauerte nicht ein Jahr, oder zwei oder drei", fügt die Legende hinzu, „daß dieser Mann ein großer und mächtiger Heerführer ward und ein Gründer einer Kolonie innerhalb des Römischen Reiches."

Was den „Namus" betrifft, so ist es ein Hermaphrodit in Worten. Es ist Arabisch, doch ebenso Griechisch. Haben wir nöthig, zu sagen, daß es talmudisch ist? Es ist in erster Instanz νόμος, Gesetz, das was „nach alter Gewohnheit und gemeinsamer Zustimmung" so geworden ist. In der talmudischen Phraseologie steht es für die Thora oder das offenbarte Gesetz. Im Arabischen bezeichnet es ferner Einen, der eine geheime Botschaft übermittelt. Und alle diese verschiedenen Bedeutungen wurden Mohammed durch Waraka angegeben. Der Bote und die Botschaft, beide göttlich, waren zusammengekommen, gleichwie Moses unterwiesen worden ist im Gesetze durch einen besonderen Engel — nicht, wie frühere Erklärer, um Waraka's Christenthum zu retten, es erklärten, weil Mohammed wie Moses ein neues Gesetz gegeben war, während Christus kam zu befestigen was zuvor gegeben war.

Nicht lange darauf trafen diese beiden Männer sich in den Straßen von Mecca. Und Waraka sagte „Ich schwöre bei dem, in dessen Hand Waraka's Leben steht, Gott hat dich erwählt, der Prophet dieses Volkes zu sein. Der größte Namus ist über dich gekommen. Man wird dich einen Lügner nennen; man wird dich verfolgen, wird dich verbannen, man wird gegen dich kämpfen. O daß ich leben könnte bis zu jenen Tagen! Ich wollte für dich kämpfen." Und er küßte ihn auf die Stirn. Der Prophet kam nach Hause, und die Worte, die er gehört hatte, waren ein großer Trost für ihn und verminderten seine Angst.

Hierauf wartete Mohammed in Furcht und Zittern auf andere Visionen und Offenbarungen. Doch keine kam; und die alten furchtbaren Zweifel und Beargwöhnungen überschlichen seine Seele. Er ging wiederum hinauf zum Berge Hirâ — diesmal um Selbstmord zu begehen. Doch so oft er sich dem Abgrunde genähert hatte, siehe, da erblickte er Gabriel an dem Rande des Horizontes, wohin er sich auch wandte, der zu ihm sagte „Ich bin Gabriel und du bist Mohammed, der Prophet Gottes." Und er stand da wie verzaubert, unfähig sich zu bewegen, rückwärts oder vorwärts, bis die ängstliche Chadija Männer aussandte ihn zu suchen.

Wir müssen den Lauf der Erzählung einen Augenblick unterbrechen, diese „Stimme" zu betrachten, die im Koran Gabriel genannt wird oder der Heilige Geist. Wir haben bei einer früheren Gelegenheit von den seltsamen Metamorphosen der Engel und Dämonen gesprochen, wie sie von Indien nach Babylonien wanderten und von Babylonien nach Judäa.*) Ihre frühere Wanderung nach Mecca veranlaßte nicht viel Veränderung, da

---

*) Siehe Em. Deutsch „der Talmud".

der Prozeß, sie zu Semiten und dem Monotheismus dienstbar zu machen, schon durch den Talmud bewirkt worden war. Doch diese seltsame Identification des Gabriel mit dem Heiligen Geist, die wir hier finden, ist ein Problem, das nicht vollkommen durch den Talmud oder den Zend Avesta zu lösen ist.

Der Heilige Geist, ein Ausdruck, der höchst gewöhnlich in der Haggadah vorkommt, ist in folgender Weise summarisch erklärt durch den Talmud — wahrscheinlich als eine ausdrückliche Antwort auf das populäre Bestreben transcendente Begriffe in concretem Sinne zu nehmen. „Mit zehn Namen", sagt der Talmud, „ist der Heilige Geist benannt in der Schrift. Es sind — Parabel, Allegorie, Räthsel, Rede, Spruch, Licht, Befehl, Erscheinung, Prophezeiung." In der Engel-Hierarchie des Talmud ist es Michael (Vohumanô) und nicht Gabriel, der den ersten Rang einnimmt. Er steht zur Rechten des Thrones, Gabriel zur Linken; er repräsentirt die Gnade, Gabriel strenge Gerechtigkeit: und obgleich sie beide damit betraut sind über Gottes Volk zu wachen, ist es doch Michael, der hervor tritt für sie zu kämpfen, der ihnen gute Zeitung bringt, und der als himmlischer Hoher Priester „die Seelen der Gerechten darbringt auf dem Altare Gottes." Doch wird er oft begleitet von Gabriel, der, was man beachten möge, ganz besonders thätig ist in dem Leben des Abraham. Er ist es, der Abraham aus dem feurigen Ofen rettet, in welchen Nimrod ihn geworfen; in der Botschaft von Isaacs Geburt ist er einer von den drei „Männern" und sein Platz ist zur Rechten Michaels. In allen andern Beziehungen ist er das genaue Gegenbild des persischen Çraôschô, und sein hauptsächliches Amt ist dies, Böses zu rächen und zu bestrafen, während er als ein gnädiger Genius handelt für den Guten und Erwählten, deßwegen wahrscheinlich ward er in späterer persischer Mythologie, ebensowie im Talmud, der Göttliche Bote. Er ist somit erfüllt mit aller Kenntniß und — allein von allen Engeln — vertraut mit allen menschlichen Zungen. Der Islam hat in einer etwas durchsichtigen Art „tendenziöse" Veränderungen durchgemacht. Gabriel steht hier zur Rechten des Thrones, und Michael zur Linken, das heißt, die erste Stelle kommt dem Engel der Gnade zu und die letztere dem der Strafe. Omar, sagt man, kam einst in eine jüdische Academie und fragte die Juden nach Gabriels Amt. Er, antworteten sie sich lustig machend, ist unser Feind, er verräth all unsere Geheimnisse an Mohammed, und er und Michael sind stets im Krieg miteinander — eine Antwort, die von Omar ernsthaft genommen, ihn so betroffen machte, daß er ausrief „Wie, ihr seid ungläubiger als die Himyariten!" Sollte indeß diese seltsame Identification Gabriels und des Heiligen Geistes möglicherweise durch den Umstand herbeigeführt worden sein, daß das mystische Amt, in Bezug auf die Geburt Christi, das dem Heiligen Geist von der Kirche zugeschrieben wird, im Islam ebenso Gabriel zugeschrieben wird, der, wie im Neuen Testament, die Botschaft an Maria verkündet, und daß so die beiden identificirt worden sind in der Seele der Ueberlieferer?

Wir haben Mohammed in dem vom Schreck betroffenen Seelen-Zustand verlassen, seiner Sendung bewußt und vergeblich versuchend gegen dieselbe zu kämpfen. Die gräßliche, einsame Finsterniß im Innern, die schreckliche Furcht, daß es Alles nur Verhöhnung und Selbsttäuschung sein möchte oder „des Teufels Versuchung"; die Unfähigkeit, etwas hervorzubringen, außer in wilden rhapsodischen Lauten, jene Botschaft, die schweigend und peinlichst Gestalt gewann — und der Tod scheint die einzige Zufluchtsstätte und Rettung — wer will es beschreiben? Durch jene Phasen einer Seele, die zwischen Himmel und Hölle kämpfte, schritt Mohammed hindurch in jenen Tagen, und der Gedanke an Selbstmord kam in versuchender Weise ihm nahe. Doch siehe da Gabriel, wie er am äußersten Horizont ruft „Ich bin Gabriel, und du bist Mohammed, Gottes Gesandter.... Fürchte dich nicht!"

Es ist nicht leicht zu sagen, wie lange jener Zustand des Zweifels und Schreckens dauerte. Die Ueberlieferung, die hier wild auseinander geht, ist in der That von geringem Nutzen. Wahrscheinlich war er nicht ganz frei davon bis zum Tage seines Todes. Schrittweise jedoch, und wie er nicht länger jene furchtbare Last in seinem einsamen Herzen zu tragen hatte, gewann er Kraft. Sein Zutrauen zu sich selbst und seiner Sendung wuchs. Kein vom Dämon Beherrschter, kein verächtlicher Wahrsager, kein besessener Tollhäusler ist er — eifert die Stimme in seinem Innern. Und bisweilen trat eine selige Wonne an die Stelle des früheren Schreckens. Sein Herz pocht vor dankbarer Freude. „Beim Glanze des Mittags und in der stillen Nacht" ruft er aus „verwirft der Herr ihn nicht, und wird ihn nicht vergessen, und die Zukunft wird besser sein als die Vergangenheit. Hat er ihn nicht gefunden als eine Waise und ihm eine Heimstätte gegeben, ihn irregehend gefunden und ihn auf den rechten Weg geführt, ihn so arm gefunden und ihn so reich gemacht?" „Deßwegen", fügt er hinzu „unterdrücke nicht die Waise, vertreibe nicht den, der nach dir fragt — sondern verkünde laut die Wohlthaten deines Herrn!"....

Und die Offenbarungen kommen jetzt eine nach der andern ohne Unterbrechung während eines Zeitraums von mehr als zwanzig Jahren — Offenbarungen, deren Centralsonne die Lehre von der Einheit Gottes war, der Monotheismus, dessen Träger er, Mohammed, seinem Volke wurde. Doch diese Offenbarungen kamen nicht in hellen, erleuchteten, überschwänglichen Visionen. Sie kamen geisterhaft, seltsam, in höchstem Grade furchtbar. Nach langem, einsamen Brüten pflegte ein Etwas Mohammed zu bewegen, ganz plötzlich, mit entsetzlicher Gewalt. Er „brüllte wie ein Kameel", seine Augen rollten und glänzten wie rothe Kohlen, und an dem kältesten Tage pflegte furchtbarer Schweiß auszubrechen über seinen ganzen Körper Wenn der Schrecken nachließ, schien es ihm, als ob er Glocken hätte läuten hören „deren Klang ihn in Stücke zu reißen schien" — als wenn er die Stimme eines Mannes gehört hätte — als wenn er Gabriel gesehen hätte — oder als wenn Worte „ihm ins Herz geschrieben worden wären." Derartig war die Agonie, die er bestand, daß einige von den ihm offenbarten Versen sein Haar beinahe weiß machten. Mohammed war epileptisch, und großer Scharfsinn und medicinische Kenntniß sind auf diesen Punkt verschwendet worden zur Erläuterung von Mohammeds Sendung und Erfolg. Wir, unsres Theils, glauben nicht, daß Epilepsie jemals einen Menschen sich als Propheten erscheinen ließ, selbst der Bevölkerung des Orients, oder, was dies betrifft, ihn mit den gleichen herzbewegenden Worten und prächtigen Bildern erfüllte. Ganz im Gegentheil. Es ward als ein Zeichen innerer Dämonen angesehen — Dämonen „Devs", Teufel, denen alle Art von Krankheiten zugeschrieben wurden die ganze alte Welt hindurch, in Phönicien, in Griechenland, in Rom, in Persien, und unter den niedrern Classen von Judäa nach dem Babylonischen Exil. Der Talmud, der einen concreten Satan läugnet, oder vielmehr ihn rationell auflöst in „Leidenschaft", „Gewissensbiß" und „Tod" — Stufen, die seinem Begriff „Verführer", „Ankläger" und „Todesengel" entsprechen — redet von diesen Dämonen als Kobolden oder speciellen Krankheiten und zieht in Ausdrücken der Verachtung los gegen die „Exorcismen", die in Judäa*) im Schwange waren um die Periode der Entstehung des Christenthums.

Jene „Besessenen" liebten einsame Plätze, besonders Kirchhöfe; sie zerrissen ihr Gewand und waren bei einander außerhalb der Gemeinde. Ueber die besondere Natur der besessen haltenden Dämonen, die „Schedim" des Talmud, die „Teufel" des Neuen Testaments, die Jin oder Genii des Koran, insofern sie unterschieden und doch gleich den Devas sind, und insofern sie die vermittelnden Wesen bilden zwischen Menschen und Engeln, wie bei Plato (Sympos.), werden wir noch zu sprechen haben. Daß sie alle „reine, heilige, ewige Engel waren von Anbeginn", und nur degradirt wurden (wie die Devas es wurden durch den „Zoroastrianismus" und die Götter von Hellas und Rom durch das Christenthum) zu verfluchten Engeln im Laufe der religiösen Reformation oder Umwandlung — ist unzweifelhaft, selbst wenn das Buch Henoch es nicht ausdrücklich feststellte. Es sind „gefallene Engel" — gefallen durch Stolz, Neid, Lust. Die beiden Engel Schamchazai (Asai) und Azael (Uriel) des Targum, des Midrasch und des Koran (Márut und Hárut) sind vom Himmel herabgeworfen, weil sie die Töchter des Menschen begehrten, gerade wie Sammael selbst seinen höchsten Stand verliert, weil er Adam und Eva verführt. Es ist wahr, es giebt ein eigenthümliches Etwas, von dem man annimmt, daß es in der Epilepsie enthalten sei. Die Griechen nannten sie eine heilige Krankheit. Bacchantisches und chorybantisches Treiben waren

---

*) Es ist wahr, Simon ben Jochai, der fabelhafte Verfasser des Zohar, zu dessen schlechtgehaltener Reliquien-Kapelle zu Merom, wenige Stunden von Tiberias (wo auch Schammai und Hillel begraben sein sollen) der Gläubige Palästina's und sogar Persiens und Indiens jährliche Pilgerfahrt thut bis auf diesen Tag, vertrieb einmal und offenbar mit der Zustimmung der Autoritäten, den Teufel aus der Tochter des Kaisers zu Rom. Darauf aber bot dieser Teufel gutmüthig ihm selbst seine Dienste an, und der Gegenstand von Simons Botschaft, die Aufhebung eines Unterdrückungs-Decrets ward als so durchaus preiswürdig betrachtet, daß diese Autoritäten lieber ein Auge zudrückten bei dem Vorhaben.

von Gott inspirirte Zustände. Die Pythia brachte ihre Orakel unter den peinlichsten Anzeichen hervor. Symptome von Zuckungen waren sogar erforderlich als ein Zeichen der göttlichen Raserei oder Inspiration. Doch Mohammed brachte keinen seiner Aussprüche hervor so lange der Paroxysmus dauerte. Klar, deutlich, in höchstem Grade bewußt, dictirte er seinem Schreiber was über ihn gekommen war — denn er konnte nicht schreiben, nach seinem eigenen Bericht. Doch es kann wohl sein, und es spricht für Mohammeds vollkommene Ehrenhaftigkeit, daß er sich, auf den allerersten Stufen, „inspirirt" glaubte während seiner Anfälle durch die Jin. Den zoroastro=talmudischen Vorstellungen zufolge, die in Arabien eingedrungen sind, horchten diese Jin „hinter dem Vorhang" des Himmels und lernten die Dinge der Zukunft. Man glaubte, daß sie diese dann den Wahrsagern und Deutern mittheilten. Doch das Lauschen an der Thür war gefährlich genug. Wenn die himmlischen Wächter jene neugierigen Kobolde bemerkten, schleuderten sie feurige Pfeile auf dieselben: die Menschen sahen darin fallende Sterne. Mohammed indeß verwarf bald diese Vorstellung „dämonischer" Inspiration, während von den Byzantinern bis auf Luther, und von Luther bis auf Muir es der Teufel war, der den Propheten antrieb. Muir hat in der That verschiedene eingehende Vergleichungen angestellt zwischen dem Satan wie er Christus versucht und Mohammed. Wozu Sprenger etwas ehrfurchtslos bemerkt, daß, da es einen Teufel gäbe, dieser doch nothwendigerweise etwas zu thun haben müsse.

Während wir uns, bevor wir die geistige und religiöse Atmosphäre um Mohammed zu schildern fortfahren, als er „den Glauben Abrahams", jenes ersten Trägers der ausdrücklich Semitischen Sendung, zu verkünden kam — versucht fühlen, uns über jene große Tagesfrage, die Sendung der Semitischen Racen im Allgemeinen auszubreiten, müssen wir uns auf einen oder zwei Punkte beschränken, die ihre religiöse Entwicklung berühren. Ein glänzender französischer savant hat neulich, in etwas übereilter Verallgemeinerung, versichert, daß Monotheismus ein Semitischer Instinct ist. Darauf bemerkte ein andrer, einer der tiefsten Gelehrten — der seitdem leider! verstorben ist — daß die Aussage vollkommen genau sei, wenn man alle Semitischen Racen außer den Juden ausschlösse, und diese sind, was

hinzugefügt werden mag, zu einer in der That sehr späten
Periode zu ihnen gekommen, ungeachtet aller Lehren des Moses
und der Propheten, nicht nach tausend Heimsuchungen, allen
Schrecknissen vernichtenden Krieges, des Elends, der Gefangenschaft und des Exils. Die Phönicier waren Götzendiener, die
Assyrier waren Götzendiener, die Babylonier waren Götzendiener
und die Araber waren Götzendiener. Und doch liegt die Wahrheit vielleicht, wie gewöhnlich, in der Mitte. Wenn, nach
Schelling, der viel weiter geht, ein unbestimmter Monotheismus
die Basis aller Religionen ist, so scheint unzweifelhaft eine abstracte
Idee absoluter Macht der Herrschaft und Regierung in den allgemeinen Semitischen Namen des Allmächtigen höchsten Gottes
verborgen zu sein, dem alle anderen natürlichen Mächte, in ihrer
personificirten mythischen Gestaltung unterworfen sind, und in
denen sie, wie es der Fall war, aufgegangen sind. Baal,
El, Elohim, Allah, Elion, bedeutet nicht einzig und allein das
Licht, den glänzenden Himmel, wie Zeus, Jupiter (der seinerseits
dem Fatum unterworfen ist, oder dem „was einmal gesprochen
worden ist"), sondern Macht, Allmacht — absolute, despotische, die
schafft und zerstört, hervorbringt und vernichtet nach seinem furchtbaren Willen allein, und an dessen Seite nichts andres existirt;
während Jehovah-Jahve auf die andere Seite und Beschaffenheit
absoluter Existenz zu weisen scheint, das Sein von allen Zeiten
her und für alle Zeiten, das Eins, die Erste Ursache. Und was
besonders characteristisch ist für die Semiten ist dies, daß während, wie es in der jüdischen und arabischen Tadition oft heißt,
die Söhne Japhets (Indo-Germanen) Könige sind und die des
Ham Sklaven, die Söhne des Sem Propheten sind. Tausend-
mal eingelullt in süße Träume der Schönheit, werden sie tau-
sendmal aufgeschreckt durch den furchtbaren Ruf des Propheten
in ihrer Mitte, der himmelwärts deutet „Bedenke, wer all dies
geschaffen hat!" Doch was ist ein Prophet? — In dem hebräischen Ausdruck Nabi, den der Islam angenommen, scheint in
der That nicht jene vorhersagende Kraft enthalten zu sein, mit
der wir von den Zeiten der Septuaginta her gewohnt sind denselben zu verbinden. Denn es ist die Septuaginta, die es zuerst
durch $\pi\rho o\varphi\eta\tau\eta\varsigma$, Vorhersager, übersetzt, während Andere es durch
„inspirirt" wiedergeben, oder einfach durch „Redner". Die
mannigfaltigen Aequivalente, die in der Bibel gebraucht werden,

wie Wächter, Seher, Hirt, Bote, bedeuten allesammt ausdrücklich das Amt über die Ereignisse zu wachen, und die Stimmen der Warnung zu erheben, des Verweisens, des Ermuthigens vor allem Volk zur geeigneten Stunde. Deßwegen ist die Haggadah die „Prophetin des Exils" genannt worden, obgleich kein Haggadist jemals als „inspirirt" betrachtet worden ist. Der Prophet ward vor allen Dingen betrachtet als der volksthümliche Prediger und Lehrer, begabt mit religiösem Enthusiasmus, mit eindringlicher Liebe zu seinem Volke, und mit der göttlichen Macht der Rede: — woher allein die Möglichkeit prophetischer Schulen zu erklären ist. Und höchst überraschend sagt der Midrasch von Abraham, daß er ein Prophet war, ein Nabi, doch kein „Astrolog", Einer, dessen Beruf es ist, nicht vorherzusehen, sondern Einer, der die Seelen der Menschen himmelwärts erhebt. In diesem Sinne — abgesehen von allem Transcendentalismus — konnte Mohammed wohl ein Prophet genannt werden, auch von Juden und Christen.

Wir können nur Vermuthungen aufstellen über den Zustand arabischen Glaubens und Anbetens vor Mohammed. Denn obgleich die Araber die Welt-Bühne ebensolange nach der ersten freudigen Offenbarung der Menschheit im Hellenismus betreten, wie die Assyrier und Babylonier, von den Phöniciern nicht zu sprechen, sie vorher betreten hatten, haben sie uns nur geringe Kunde hinterlassen von ihren Thaten in der Periode der „Unwissenheit", wie sie mit stolzer Demuth die Zeit vor dem Islam nennen. Von dorther ist gebrochenes Licht durch wenige verlorene Strahlen ausgegossen; wir können dies folgern, daß sie die Himmlischen Heerschaaren anbeteten — um dies unbestimmte Wort zu gebrauchen, und daß mit dieser Anbetung ein theilweiser Glauben an Auferstehung unter einigen Stämmen verbunden war. Andere indessen scheinen Alles der „Natur" zugeschrieben und einen leitenden Schöpfer geläugnet zu haben. Wir finden ferner Spuren einer Anbetung von Fetischen: leibhaftige Darstellungen gewisser Einflüsse, die zu vermeiden, zu fürchten und zu versöhnen oder zu lieben und dankbar anzuerkennen sind. Die Sonne und der Mond, Jupiter und Venus, Canopus und Sirius und Mercur hatten ihre steinernen Erinnerungszeichen, ihre Tempel, ihre Priester, und was man wohl beachten möge, die Macht, diejenigen zu schützen, die zu ihren Altären flüchteten. Herodot spricht von den Arabern als An-

betern des Dionys (den Strabo in Jupiter verwandelt) und der
Urania allein, „die sie nennen" Orotal (wahrscheinlich Nur=
Allah = Gottes Licht) und Alilat — eine weibliche Form von
Allah, der Phönicischen Himmels=Königin, Tanith=Astarte. Von
einer Heroen=Verehrung in der Form von Statuen sind un=
bestimmte Spuren vorhanden, doch so unbestimmte und mythische,
daß sie nicht als historisches Material betrachtet werden können.
Bäume und Steine werden ferner als Gegenstände primitiver
arabischer Anbetung genannt, und über diesen Punkt hat Mai=
monides, wie es seine Gewohnheit ist, klare und durchsichtige
Erläuterungen gegeben, mit denen wir uns indeß nicht einlassen
können. Unter den letzteren steht der berühmte Schwarze Stein der
Kaaba, jenes urzeitlichen Tempels, der dem Abraham zugeschrie=
ben wird, in erster Linie, dann wissen wir von einem Weißen
Stein (Al Lat) zu Taif, der noch von Hamilton gesehen worden
ist, und ein oder zwei mehr unbewegliche Anzeichen irgendwelchen
großen Ereignisses, wie es die Semiten zu errichten gewohnt
waren — Erinnerungszeichen, gegen welche der Pentateuch aus=
drücklich protestirt „Denn ich bin Jehovah, euer Gott." Unbe=
stimmter noch sind die Berichte von den Orakel=Bäumen, von
denen einer nahe bei Mecca stand, während der andere, der
Uzza geweiht, der mächtigen Göttin, der Himmelskönigin, sich
über das ganze Land ausgebreitet zu haben scheint, mit seinem
gebührenden Zubehör von Priestern und Wahrsagern, männlichen
und weiblichen. Daß die gewöhnliche Begleitung der Laren
und Penaten vorhanden war, mehr oder weniger plump und
körperlich, wie sie stets nothwendig gewesen sind für den Heerd,
braucht nicht hinzugefügt zu werden. So wird von einem
Stamme berichtet, daß sie ein Stück Teig anbeteten, das sie,
von Hunger getrieben, munter aufaßen. Einige, sagten wir,
glaubten nicht an die Auferstehung. Einige thaten es; und deß=
halb banden sie ein Kameel an eines Mannes Grabmal ohne
es mit irgendwelchem Futter zu versehen. Wenn es fortrannte,
so war jener Mann ewig verdammt — und es mag hier be=
merkt werden, daß die Juden allein unter den Semiten gegen
ewige Verdammung protestirten — wenn nicht, so würden die
geschwärzten Gebeine desselben, am Tage des Gerichts, ein be=
quemes und ehrenvolles Gefährt zur Wohnstätte seiner Seligkeit
bilden. Die Phantome der Wüste, die Fata Morgana, Engel

und Dämonen und der Rest der verkörperten Ideen oder Ideale bildeten andere Gegenstände frommer Betrachtung, doch nur als Vermittler mit dem großen Allah. Lange vor Mohammed war das Volk gewohnt in seinem Unglück auf seinen Pilgerfahrten zu ihm allein zu beten, in folgender Art: „Dir zu Diensten, o Allah! Es giebt kein Wesen, das Dir gleich ist, und wenn es eins giebt, so bist Du es, und nicht jenes, welches herrscht;" und auf die Frage, was das Amt ihrer anderen Götzen sei, pflegten sie zu antworten, es wären Vermittler — ganz ähnlich wie römische Katholiken in den unteren Schichten Heilige und ihre Abzeichen verehren. Wir wollen es ferner nicht vergessen, daß die Fortdauer dieses vor = islamischen Götzendienstes, großem Umfange nach, politischen Gründen unterworfen war. Die mannigfachen Heiligthümer und ihr Einkommen gehörten gewissen vornehmen Familien und Stämmen.

Soweit was das Heidenthum betrifft. Wir haben jetzt die beiden anderen gemeinhin angenommenen mitwirkenden Umstände in jener religiösen Phase zu betrachten, der Mohammed ihren Namen gegeben, und welche das Antlitz der Welt umgewandelt hat: Christenthum und Judenthum.

Es ist lange Zeit Mode gewesen, was irgendwie „gut" ist am Mohammedanismus dem Christenthum zuzuschreiben. Wir fürchten, diese Theorie ist nicht verträglich mit den Resultaten ehrlicher Forschung. Denn von arabischem Christenthum zur Zeit des Mohammed ist es vielleicht besser, so wenig als möglich zu sagen. An der Seite desselben, wie man es im Koran sieht — und dies Buch allein zeigt es uns authentisch wie Mohammed es sah — erscheint selbst modernes Ancharisches Christenthum, wovon wir so erstaunliche Berichte besitzen, rein und erhaben. Und da überdies der Mönch Bahira = Sergius= Georgius=Nestor, von dem man sagt, daß er Mohammed unterrichtet habe, eine in der That sehr unantastbare Persönlichkeit ist, wenn er nicht, wie man Grund zu glauben hat, wirklich ein Jude ist; da ferner die verschiedenen syrischen Reisen, während welcher, wie man vermuthet, Mohammed weiter mit dem Christenthum vertraut worden ist, cum grano aufgefaßt werden müssen, so bleibt nichts als seine Berührung mit wenigen freigelassenen griechischen und abyssinischen Sklaven, die, nachdem sie ihr ganzes Leben unter Arabern zugebracht hatten, sich kaum einer sehr tiefen Kenntniß des Inhalts und der Geschichte des Christenthums rühmen konnten. Wir werden daher nicht erstaunt sein, den Koran polemisiren zu sehen gegen etliche so außergewöhnliche Vorstellungen wie die von Mary-Maryan „die Tochter Imrans, der Schwester Haruns", die nicht nur die Mutter Gottes ist, sondern eine Person in der Dreieinigkeit bildet; oder andrerseits auf jene außerordentlichen Legenden zu gerathen aus dem apokryphischen Evangelium von der Kindheit und von der „Himmelfahrt" Mariä, die dem Apostel Johannes selbst zugeschrieben werden; oder wiederum denselben die häretische Ansicht gewisser früher christlicher Secten adoptiren zu sehen, daß es nicht Christus, sondern Judas gewesen ist, der hingerichtet wurde, und daß Christus die „Hallucination" zugeben mußte als eine Strafe dafür, daß er es gelitten hatte, daß das Volk ihn Gott nannte. Aber gegen jenen fundamentalen Satz des Christenthums, nämlich die Sohnschaft, kämpfte Mohammed mit unabänderlicher Festigkeit; und nie wurde er müde, in den stärksten Ausdrücken, die er, der Meister der Rede finden konnte, seinen Abscheu zu wiederholen gegen jene Vorstellung, bei der „die Himmel zerreißen und sich öffnen und die Erde aus den Fugen gehen möchte." Es giebt ein kurzes Kapitel im Koran „das Bekenntniß von der Einheit Gottes", das man dem dritten Theil des ganzen Koran an Werth gleich hält, obgleich es nur aus diesen Worten besteht — „Sage, Gott ist Einer: der ewige Gott. Er zeugt nicht und Er ist nicht erzeugt und es giebt nichts, das Ihm gleich ist." Noch deutlicher ist diese Vorstellung an einer andern Stelle ausgedrückt: — „Die Christen sagen, Christus ist der Sohn Gottes. Möge Gott wider sie sein . . . was sind sie verblendet!" Und wiederum: — „Diejenigen sind sicherlich ungläubig, die sagen, Gott ist Einer von Dreien" . . . „Glaube an Gott und Seinen Apostel, aber sprich nicht von einer Dreieinigkeit. Es giebt nur Einen Gott. Fern sei es von Ihm, daß er einen Sohn haben sollte" . . . „Christus, der Sohn der Maria, ist nicht mehr als ein Apostel" . . . „Es ist nicht angemessen für Allah, daß Er sollte einen Sohn haben. Preis Ihm! (i. e. fern sei es von Ihm!)

Jesus ist, nach Mohammed, nur einer von den sechs Aposteln, die besonders auserwählt sind aus dreihundert und dreizehn, neue Fügungen zu verkündigen, in Bestätigung früherer. Es sind dies

Adam, Noah, Abraham, Moses, Jesus und Mohammed. — Doch dieser Punkt muß bei fernerer Betrachtung, unter den Lehrsätzen des Islam, an die Reihe kommen.

Wir wenden uns jetzt zum Judenthum, das, wie wir zuvor angedeutet haben, den Kern des Mohammedanismus bildet, sowohl im Allgemeinen als im Besondern. Hier nur die vorläufige Bemerkung, daß als wir vom Talmud als einer Quelle des Islam sprachen, wir damit nicht sagten, daß Mohammed denselben kannte oder, daß er, nach dieser Seite hin, auch nur den Namen desselben gehört hätte; doch scheint es, als ob er beinahe von seiner Kindheit an die Luft des zeitgenössischen Judenthums geathmet hätte, eines solchen Judenthums, wie es von uns crystallisirt gefunden wird im Talmud, dem Targum, dem Midrasch.

In der That sind die geographischen und ethnographischen Notizen über Arabien in der Bibel in so erstaunlichem Grade in Uebereinstimmung mit den allerjüngsten Untersuchungen, daß wir anzunehmen gezwungen sind, die Verbindung zwischen Palästina und Arabien sei eine sehr enge gewesen von den frühesten Perioden an. Die Ismaeliter des arabischen Mittellandes werden in den frühesten Urkunden sorgsam unterschieden von den Yoctaniten und Kuschiten von Mahrah im Süden; nicht zu sprechen von der genauen Kenntniß, die durch die späteren Urkunden an den Tag gelegt wird. Zu welcher Zeit die Juden zuerst nach Arabien kamen ist ein Problem, das wir nicht zum Abschluß zu bringen versuchen werden. Von Abraham und Ismael und von dem Nebelhof von Legenden, der diese nationalen Helden umgiebt, nachher. Aber auch wenn wir, wie wir es müssen, die Hallucinationen der beiden hervorragendsten Gelehrten verwerfen in Bezug auf die Einwanderung eines ganzen Simeonitischen Regiments in den Zeiten des Soul, das nachdem es eine Schlacht nahe bei Mecca geschlagen — daher genannt Mecca Rabbah (große Niederlage) — als Gorhoms oder Gerim (Fremde) angesiedelt sei, u. s. w. — so können wir unsere Augen doch nicht vor der Thatsache verschließen, daß Juden „Anbeter des unsichtbaren Gottes Abrahams", obgleich in kleiner Anzahl, in Arabien vorhanden gewesen sind, zu einer in der That sehr frühen Periode. Bokht-Nasar, wie Nebuchadnezzar in den früheren arabischen Urkunden genannt wird, veranlaßte manche Andere in Arabien Zuflucht zu suchen. Die Hasmonean zwangen einen ganzen Stamm von Nord-Arabern das Judenthum anzunehmen; ein jüdischer König von Arabien kämpft gegen Pompejus. Der Talmud zeigt eine ziemlich unerwartete Vertrautheit mit arabischen Sitten und Gebräuchen, und — um auf einen merkwürdigen Punkt hinzuweisen — der Prophet Elijah, der dort als eine Art von unsterblichem Schutz-Genius erscheint — geht einher in der Weise eines Arabers (des Khidhr der Mohammedanischen Legende). Die Engel, die dem Abraham erscheinen „sehen aus wie Araber" — nicht zu sprechen von Hiob und seinen drei Freunden, der Königin von Scheba und anderen gleichfalls arabischen Reminiscenzen. Jahrhunderte vor Mohammed waren Kheibar, fünf Tagereisen von Medina und Yemen, im Süden Arabiens in den Händen der Juden. Dhu Nowas, der letzte jüdische König von Yemen fällt durch die Hand des Negus von Abyssinien. Es bleibt für uns die Frage, welche Phase des Glaubens diese Juden repräsentirten.

Man hat vermuthet, daß sie, obgleich unter sich verbunden für den Zweck des Krieges, geringen Verkehr mit ihren Brüdern in Palästina oder selbst in Arabien unterhielten, und deshalb unbekannt waren mit der Enthüllung „des Gesetzes", das umwälzend in Judäa und Babylonien anlangte. Der Hauptbeweis hierfür ward in der Abwesenheit jüdisch-arabischer Literatur vor Mohammed gefunden Für uns bildet dieser Umstand schlechterdings keinen Beweis. Keinen wenigstens, der nicht vielleicht unsere Ansicht vielmehr zum genauen Gegentheil bestätigen möchte. Wir wissen, wie Literaturen sein können und ausgeprägt worden sind; oder hatten die Phönicier, die Chaldäer, die Etrusker niemals irgendwelche Literatur? Wir wissen zufällig das Gegentheil, obgleich nichts, um nicht zu sagen, Schlimmeres als nichts, nämlich mehr oder weniger verdorbene Reminiscenzen, von alldem übrig geblieben ist. Und weiter, wir haben deutlichen Beweis im Koran selbst, daß sie nicht nur au courant blieben in Hinblick auf die Haggadah — Beweis alle Legenden des Islam — sondern sogar die Halachah. Mohammed citirt buchstäblich eine Stelle aus der Mischna*), und

---

*) Merkwürdigerweise die Ermahnung des Richters an die Zeugen, daß derjenige der muthwillig ein einziges menschliches Leben zerstört, schul-

ferner giebt er besondere Vorschriften, der Gemara entnommen,*)
wie z. B. die Reinigung mit Sand in Ermangelung des Wassers,
das Abkürzen des Gebets im Augenblick der Gefahr u. s. w.
Es giebt eine Academie oder Bethhamidrasch zu Medina; und
Akiba war auf seiner revolutionären Mission von den arabi=
schen Juden nach einem der kleinlichsten und verwickeltsten Punkte
des Mündlichen Gesetzes befragt worden.

In Wahrheit, diese Juden standen nicht bloß auf der Höhe
zeitgenössischer Cultur, sondern weit über ihren arabischen Brü=
dern. Sie repräsentirten thatsächlich die Cultur Arabiens. Sie
konnten Alle lesen und schreiben, während die Araber gelegent=
lich einige fremde Gelehrte erbeuten und ihnen die Freiheit ver=
sprechen mußten unter der Bedingung, daß sie ihre Knaben die
Elemente des Lesens und Schreibens lehren würden. Die
Juden — ja die Jüdinnen, wie Mohammed zu seinem Kummer
lernen mußte — waren speciell begabt mit der poetischen Ader,
wie wir weiterhin sehen werden; und Poesie war in Arabien
zur Zeit des Mohammed die einzige große Kenntniß und Wissen=
schaft. Es gab einen gewissen Jahrmarkt, der alljährlich ab=
gehalten wurde, wo, wie bei den Olympischen Spielen, die Er=
zeugnisse der letzten zwölf Monate gelesen wurden und Preise
empfingen. Die schöne Erzählung vom Aufhängen der Preis=
Gedichte in der Kaaba, weshalb sie Moallakat genannt worden,
ist unglücklicherweise ein Mythus, da Moallakat nicht aufgehangene
bedeutet, sondern (Perlen) loose zusammen aufgereihte. Unzweifel=
haft aber war, das beste Gedicht der Periode gemacht zu haben
eine große Auszeichnung, nicht bloß für den Dichter persönlich,
sondern für seinen ganzen Stamm.

Diese jüdischen Geschlechter, von denen einige ihre Genealogie
von priesterlichen Familien (Al=Kahinani) ableiteten, lebten zer=
streut über ganz Arabien, hauptsächlich aber im Süden, in
Yemen (Himgar) „dessen Staub dem Gold gleich war, und wo
die Menschen nimmer starben". Sie lebten, wie die anderen

---

big geachtet werden soll, als ob er eine ganze Welt zerstört hätte. — Siehe
Em. Deutsch „der Talmud".

*) „Sie werden vollendet werden im Himmel; gieb Frieden denen,
die Dich fürchten auf Erden; und was immer Dir gefällt, thue. Gesegnet
bist Du, o Herr, der Du Gebete erhörest" — ist die vom Talmud vorge=
schriebene Formel für die Stunden seelischer Bedrängniß oder Gefahr.

Araber es thaten, entweder das Leben räuberischer Beduinen oder cultivirten das Land oder bewohnten Städte — wie z. B. Yathrib, das spätere Medina oder Stadt par excellence — des Propheten nämlich. Aeußerlich waren sie vollkommen in der großen arabischen Familie aufgegangen. Bekehrungen ganzer Stämme zum Judenthum, wechselseitige Heirathen und die außerordentliche Familien-Aehnlichkeit, so zu sagen, der beiden Abkömmlinge des Abraham — denn die Ableitung der Araber von Ismael, scheint, was auch für das Gegentheil angeführt worden sein mag, ohne Frage eine vor-Mohammedanische Vorstellung — erleichterte das ausgleichende Werk des jüdischen Kosmopolitanismus. Bekannt, wie wir sagten, sowohl mit Halachah als Haggadah, schienen sie unter dem besondern, das Erzählen liebenden Einfluß ihrer Landsleute, eingehender die letztere mit all ihren prächtigen Farben und Schattirungen gepflegt zu haben. Mächtig mit dem Schwert, das sie nicht selten gegen ihre eigenen Verwandten richteten, unterließen sie niemals die Erfüllung ihrer größten religiösen Pflicht — das Freilassen ihrer Gefangenen, mochten dies auch ihre persönlichen Widersacher sein; und ferner hielten sie gleich ihren Vätern, von Alters her, den Sabbath heilig, auch im Kriege, obgleich das Verbot zurückgenommen worden war. Sie warteten auf den Messias und wandten ihr Antlitz gen Jerusalem*). Sie fasteten, sie beteten und sie streuten rund um sich her den Saamen so hoher Cultur aus, als er in ihrer Literatur enthalten war. Und Arabien nannte sie das Volk des „Buches"; wie Hegel sie genannt hat, das Volk „des Geistes". Dieser Saame, obgleich einiger auf Steine fiel und einiger auf Wüstensand, hat Frucht getragen tausendfältig. Von allgemeinen praktischen, ja lebensfähigen Institutionen, die

---

*) Die Synagogen wurden gewöhnlich in der Form eines Theaters gebaut, das Portal genau nach Westen, so daß des Anbetenden Antlitz nach Osten gerichtet war, genau auf das Allerheiligste des Tempels von Jerusalem, in frommer Anspielung auf die Worte (1 Kön. 8, 29) „daß ihre Augen geöffnet sein mögen nach diesem Hause Tag und Nacht ... damit du hören mögest auf die Gebete, die dein Knecht verrichten soll nach diesem Platze zu." Daniel betete nach Jerusalem zu, und „der Thurm Davids, erbaut für ein Rüsthaus" im Hohen Liede, wird allegorisch als eine Anspielung auf jene dauernde und mächtige Heiligkeit genommen, die stets der Stelle zukam, die einmal geheiligt war durch die Gegenwart der Schechinah. Und die alte Kirche folgte in dieser Hinsicht ebenfalls.

sie lange vor Mohammed in ihre zweite Heimath eingeführt hatten, mag der Kalender erwähnt werden; und der interkalarische Monat ward von den Arabern, in dankbarer Anerkennung, Nassi (Fürst) genannt, der Titel des Babylonischen Hauptes der jüdischen Diaspora. Die Kaaba und die Pilgerfahrt, Yoctan und Ismael, Zemzem und Hagar empfingen ihr Colorit von jüdischen Arabern. Sie wurden zugleich mit großer Ehrfurcht betrachtet und ihre Superiorität würde sie auch politisch in sehr gute Stellung gebracht haben, als Mohammed sich in der Folge gegen sie wandte, hätten sie erkannt, was vereintes Handeln bedeutet.

Wenn wir sagten, es gäbe ausgezeichnete Dichter unter ihnen, meinten wir nicht jüdische Dichter, sondern rein arabische. Ihre Gedichte sind alle von intensiv national arabischem Typus. Unter Anderm haben wir Fragmente von Assamael (Samuel) „dem Redlichen", einem großen Häuptling, der in einem festen Schloß wohnte, und der lieber als seines Freundes Vertrauen zu täuschen, seinen Knaben in Stücke gehauen sah vor seinen Augen. Was ihn von seinen Gesängen überlebt hat, athmet edlen Stolz und Erhabenheit der Seele, bisweilen gemischt mit seltsamer Düsterkeit: Freude am Leben und Liebe zur Gastlichkeit; wie in der That eins seiner Gedichte mit der traurigen Frage anfängt, ob die Weiber ihn nach seinem Tode beklagen würden, und wie? Sowohl sein Sohn Garid als sein Enkel Suba waren Dichter; desgleichen Arrabi, dessen Söhne gegen Mohammed kämpften; und Aus, von dem wir eine Art von characteristischem, doch mildem Protest gegen seines Weibes Religionswechsel haben. „Wir leben", singt er, „nach dem Gesetz (Thora) und Glauben des Moses, doch Mohammeds Glauben ist ebenfalls gut. Jeder von uns glaubt sich auf dem rechten Wege." Dann ist da Suraih, der „trinken mochte aus dem Becher derer, die edlen Herzens sind, auch wenn zwiefaches Gift darin wäre", und vier oder fünf außerdem, die von Liebe und Wein singen, dem Schwert und der Redlichkeit, Gastfreundschaft und dem Rosse. Es gab ebenfalls jüdische Dichterinnen, deren Gedichte, wie wir schon erwähnten, „bitterer für Mohammed waren als Pfeile", und die seiner Rache nicht entgingen.

Wir hatten etwas zu verweilen auf diesem vom Wege abliegenden Felde der Verhältnisse und der Lage arabischer Juden —

wovon nicht das Geringste jemals bekannt geworden sein würde,
wenn nicht um des Islams willen. Von ihren Satzungen und
Ceremonieen, ihren Legenden und Dogmen, sofern sie auf den
Islam übertragen sind, haben wir ins Besondere zu handeln.
Und so war Arabien in Bezug auf die Verschiedenheit des
Glaubens, als Mohammed auftrat. Wir verließen ihn in dem
Augenblick als er begann sich seiner „Sendung" bewußt zu
werden. Doch war er nicht ohne specielle Vorläufer. Dies
waren die Hanifs, buchstäblich — in talmudischer mündlicher
Rede — „Heuchler". „Vier sollen Gott nicht sehen", sagt der
Talmud „die Spötter", die Hanifs („die allen Gefährnissen
preisgegeben werden sollen", während es allgemein für besser
gehalten wird „in einen feurigen Ofen geworfen zu werden als
irgend Jemand in öffentliche Schande zu bringen"), die Lügner,
die Verleumder"*). Diese Hanifs bilden eine sehr merkwürdige
und höchst wichtige Phase arabischen Glaubens vor Mohammed —
eine Phase jüdischen Christenthums oder christlichen Juden=
thums. Sie liebten es auch „Abrahamische Sabianen" sich
zu nennen, und Mohammed nannte sich im Anfang Einen von
ihnen. Sie waren ihrem ganzen Vorhaben und Trachten nach
„Häretiker". Sie glaubten an Einen Gott. Sie hatten das
Gesetz und das Evangelium und ferner gewisse „Rollen des
Abraham und Moses", Aschmaat genannt, auf welche Moham=
med sich anfänglich beruft. Dies Wort Aschmaat oder Schamaata
hat gleicherweise zu höchst gewagten Vermuthungen Veranlassung
gegeben. Uns scheint es sehr einfach das talmudische Sche=
maata, was identisch ist mit Halachah oder gesetzlicher Ueber=
lieferung. In Arabien scheint es die Bedeutung von Midrasch
im Allgemeinen angenommen zu haben, besonders was dessen
haggadistischen oder legendarischen Theil betrifft**). Diese my=
steriösen Rollen, über welche endlose Erörterungen entstanden
sind, scheinen unserm Dafürhalten nach somit nichts mehr oder
weniger als gewisse Sammlungen des Midrasch gewesen zu sein,
anfangend, wie es deren Gewohnheit ist, mit strenger Halachah,
endend, wie es deren Gewohnheit noch mehr ist, mit prächtigen

---

*) Siehe Em. Deutsch „der Talmud".

**) Wir haben denselben Hergang im Hinblick auf das Wort Midrasch
selbst in Palästina und Babylonien gekennzeichnet. Siehe Em. Deutsch
„der Talmud".

Träumen der Phantasie, gewoben rings um die geheiligten Häupter der Patriarchen, mit transcendentalen Allegorien — „Erzählungen von Engeln, Feen=Märchen, festlichen Gesängen und Worten der Weisheit". Auch kommt es nicht viel darauf an, was die ursprünglichen Namen dieser fraglichen Rollen oder Sammlungen waren (es müssen Dutzende auf Dutzende derselben gewesen sein), da, soweit wir auf ihren muthmaßlichen Inhalt schließen können, nur wenig in denselben vorhanden ist, was nicht in der einen oder der andern Form in unseren vorhandenen Midrasch=Büchern sich erhalten hätte.

Es gab einige sehr hervorragende Leute unter dieser Secte, wenn es Secte genannt werden kann. Obenan unter ihnen steht ein gewisser Omaÿha, ein hochbegabter und sehr gewandter Dichter, der Mohammed nie anerkannt hätte und der nicht auf= hörte Satiren auf ihn zu schreiben; umsomehr, da es seine Ab= sicht gewesen ist, sich selbst als Prophet zu proclamiren. Außer ihm werden vier besondere Personen erwähnt (Alles Verwandte des Propheten, Waraka unter ihnen), die, überdrüssig des Fetischmus, in den ihre Landsleute versunken waren, einstmals bei der Kaaba sich trafen, während des Jahresfestes und ihre geheime Meinung einander in folgender Weise ausdrückten. „Sollen wir einen Stein einschließen, der weder hört noch sieht, weder hilft noch verwundet? Laßt uns einen bessern Glauben suchen", sagten sie. Und sie gingen hinaus zu suchen und zu finden das Hanifitesche Bekenntniß — „die Religion Abrahams".

Diese Religion Abrahams kam Mohammed wiederherzustellen, Mohammed der Hanifite, der Erfolg hatte, wo es den Andern mißglückte. Er bediente sich der Beweisgründe, der Lehre, gelegentlich genau der Worte dieser seiner Vorgänger — ob= gleich wir hier doppelt auf der Hut sein müssen gegen die mög= liche Färbung späterer Mohammedanischer Tradition — haupt= sächlich des Zaid, der vom Genießen des Blutes und dessen, was zum Zwecke des Götzendienstes getödtet worden, zurückhielt — zwei Punkte, die ausdrücklich auf jüdische Lehre hinweisen[*]. Zaid, wird gemeldet, verabscheute auch das barbarische Lebendig= begraben von Kindern, was damals gebräuchlich war unter den arabischen Wilden und „betete den Gott Abrahams an". Auch

---

[*] Das vornehmste unter den sieben fundamentalen „Gesetzen der Söhne Noah's."

sagte er „O Herr, wenn ich wüßte, welche Form der Anbetung Du wünscheft, würde ich sie annehmen. Aber ich kenne sie nicht." Und als sein Neffe nach seinem Tode den Propheten aufforderte für ihn zu beten, sagte Mohammed „Gewiß will ich es: er wird eine eigene Kirche bilden am Tage des Gerichts." Ja, noch mehr, Zaid hat wirklich zu Mecca gelehrt, und Mohammed offen sich als seinen Zögling bekannt.

Wir werden zu dieser „Religion Abrahams" zurückkehren, die der Leitfaden zum Islam ist — und deren Mysterium der Midrasch allein in befriedigender Weise löft. An diesem Orte liegt es uns ob, den Wechselfällen von Mohammeds Laufbahn, so kurz wir es können, nachzugehen: denn ohne diese können wir jene Religion niemals vollständig begreifen, deren Grundstein und Spitze er ist.

Zuvörderst was seine früheren Mirakel betrifft, die beinahe zu seinem Untergange ausschlugen. Die Juden verlangen ein Zeichen, sagt das Neue Testament. Das Verlangen, den Propheten zu sehen, die erwählte und begabte Person, führt zu Dingen, die augenscheinlich das Gegentheil von dem sind, was man Natur nennt — wunderbare Gesichte und Töne, Dinge, durch die er seine vertraute Verbindung mit und die Herrschaft über die mehr oder weniger personificirten Mächte des Kosmos darthun soll, von den alten und mittelalterlichen Zeiten eine so unbestimmte Vorstellung hatten — ist sehr leicht zu verstehen; und sowohl das Alte als das Neue Testament sind voll von außergewöhnlichen Manifestationen. Der Talmud enthält, während er bis zu einem gewissen Umfange das repräsentirt, was wir „die fortgeschrittene" Ansicht der Zeit nennen, sicherlich Anschauungen, die etwas abweichend sind von der volksthümlichen: „Esther's Mirakel", sagt derselbe „war das letzte — das Ende aller Mirakel". Und sie wird, in Anspielung auf das wohlbekannte Psalmen-Citat „Aeußerstes der Dämmerung" genannt — „weil mit ihr zuerst das Licht kam." Und da es in der ganzen Geschichte der Esther nichts giebt, was in leisestem Grade einem „übernatürlichen" Act ähnlich ist, und da überdieß der Name Gottes nicht einmal vorkommt in dem Buche von Anfang bis zu Ende, so ist dieser talmudische mündliche Ausdruck „Mirakel", dem modernen Gebrauch des Wortes „Prophet" sehr ähnlich, von dem man am nächsten Tage bemerkte, daß „manche lebende Schriftsteller, nachdem sie das Wort zuvor seiner alten Bedeutung entkleidet hatten, es in ungebundener Art auf einen Jeden anwandten". Ueberdies hat die Mischnah ausdrücklich erklärt, daß Wunder „geschaffen" wären vom ersten Anbeginn, in der Dämmerung des sechsten Tages. „Gott", sagt der Talmud noch eingehender „stellte eine Bedingung bei dem Meer, als Er es erschuf, sich zu öffnen vor den Israeliten; beim Feuer, die drei Märtyrer unverletzt zu lassen, beim Himmel, sich zu öffnen der Stimme des Hesekiel u. s. w.*). Nicht weniger klar ist die Meinung der Meister fernerhin ausgedrückt in solchen Sentenzen wie diese: „Die Heilung eines Kranken ist oft ein größeres Mirakel als das, welches den Männern in der Grube begegnete. Die, die von brennender Sünde gerettet worden sind, mögen es als ein Mirakel betrachten, was ihnen begegnet ist. Rechnet nicht auf ein Wunder — sie kommen nicht jeden Tag. Diejenigen, denen ein Mirakel begegnet, wissen es oft selbst nicht" u. s. w. Doch das alte Verlangen nach Wundern war entweder noch stark unter ihnen oder sie wünschten Mohammeds Seele zu peinigen — wie sie es auf tausend bittere, kleinliche Weise gethan — als sie sich getäuscht fanden in ihm und so das Volk antrieben, irgendeine wunderbare Verrichtung von ihm zu verlangen. Es ist von ihm verlangt worden, beklagt er sich, zu veranlassen, daß Brunnen und Quellen flössen, den Himmel in Stücken hernieder zu bringen, Berge zu versetzen, ein goldenes Haus zu haben, mit einer Leiter zum Himmel hinauf zu steigen, zu veranlassen, daß der Todte rede, und zu bewirken, daß Allah und seine Engel für ihn Zeugniß ablegten — und er brach voll Unwillens in die Worte aus „Gelobt sei der Herr! Bin ich mehr als ein Mensch, der als ein Apostel gesandt ist? . . . Engel wandeln nicht gemeinhin auf Erden, sonst würde Gott einen Engel entboten haben, Seine Treue zu euch zu predigen"; und, sagt er, wenn sie ein Zeichen sehen — selbst den Mond sich spalten — würden diese Ungläubigen sich nur umkehren und sagen „Das ist ein gut ausgedachtes Kunststück, ein Taschenspielerstreich". Wie gut er in den Sinn jener talmudischen Vorstellungen über Mirakel eingedrungen — „Esthers sei das letzte" — und wie zuversichtlich er über diesen Punkt

---

*) Siehe Em. Deutsch „der Talmud".

sprach, obgleich vergeblich, wird am besten durch seinen Protest bezeugt, daß „die Mirakel aller Propheten auf ihre Zeit beschränkt seien. Mein Mirakel ist der Koran, der für immer bestehen soll, und ich bin der Hoffnung, mehr Nachfolger zu haben als irgend Einer der anderen Propheten." „Frühere Propheten" pflegte er zu sagen (und dies ist einer seiner wichtigsten Aussprüche) „wurden zu ihren Secten gesandt. Ich ward zu allen gesandt. Ich bin um Einer Sache willen allein gesandt: gerade zu machen die gekrümmten Pfade, zu vereinigen die zerstreuten Stämme, und zu lehren, daß „Es keinen Gott giebt als Gott, durch den die Augen des Blinden und die Ohren des Tauben werden geöffnet werden, und die Herzen derer, die nichts wissen". Und wieder und immer wieder weist er auf jene Zeichen „im Himmel und auf Erden", viel größer als irgendwelche wunderbaren Manifestationen, die je von Propheten bewirkt worden sind — die Sonne und den Mond und die Sterne, den Tag und die Nacht, den Bau des menschlichen Körpers, die Berge, die die Erde festmachen, die Wasser, die von der Höhe kommen, den Durst zu löschen von Mensch und Vieh und Pflanze und Baum; auch den Oliven-Baum und den Palmen-Baum und den Wein — und er spricht zu diesen Menschen der Wüste von der See, auf der die großen Schiffe gehen. Sind nicht alle diese Dinge gemacht für des Menschen Dienst und Gebrauch, gerade indem sie Allah dienen..." „Ich habe niemals gesagt, daß Allah's Schätze in meiner Hand sind, daß ich die verborgenen Dinge kennte oder daß ich ein Engel... Ich, der ich nicht einmal mir selbst helfen oder traun kann, wenn Allah es nicht will. Wollt ihr nicht ein wenig nachdenken?... Nehmt ihr nicht das Flammen des Blitzes wahr und den rollenden Donner? Allah wird ihnen Seine Wunder zeigen zu gelegener Stunde — auch den gähnenden Schlund der Hölle. Dann werden sie freilich glauben, gerade wie jenes Volk in den Städten der Ebene geglaubt hat als es zu spät war. Hatten ihre Karawanen das Todte Meer durchschritten — ja Sodom und Gomorrha? Wußten sie, wie Thamud und Ad zerstört wurden durch einen furchtbaren Schrei vom Himmel, oder was aus Pharaoh geworden ist? „Das sind die Zeichen Allah's... Er giebt das Leben und Er giebt den Tod und zu Ihm müßt ihr zurückkehren"... Und um keinen Zweifel zu lassen in Bezug darauf, worin seine Zeichen und Wunder wirklich bestehen, werden die einzelnen Verse des Koran genannt Ayat = Hebr. Ot: — Buchstabe, Zeichen, Wunder.

Doch alle diese Proteste nützten nichts. Wunder mußten da sein und Wunder waren da. Auf drei — und das ist Alles — wird angespielt im Koran. Erstlich, daß Mohammed den Gabriel sah „im offnen Horizont", als Verzweiflung ihn trieb, Selbstvernichtung zu versuchen: „Ein Mächtiger an Gewalt, mit Verstand begabt", offenbarte sich ihm damals „an dem höchsten Theile des Horizonts, zwei Grabbogen lang." Und wiederum erscheint er ihm unter einem gewissen Baume, „dem Baum der Grenze" — einem Lotos=Baum: bedeckt mit Myriaden von Engeln, nahe dem Garten der Ruhe. Diese zweite Vision indessen ist wahrscheinlich verbunden mit der Miraj oder Mohammeds Nachtreise. Die Juden hatten den Arabern erzählt, daß kein Prophet jemals aufgestanden sei aus dem Heiligen Lande, und daß Moses gen Himmel gefahren sei. Was sie ihnen wahrscheinlich nicht erzählten war jener andere bezeichnende Ausspruch, daß seit der Zerstörung von Jerusalem die Gabe des Prophezeiens auf Narren und Kinder gekommen sei — ein Dictum, das wir uns oft genug geneigt fühlten, auf unsere Tage anzuwenden. Und ferner, daß der Talmud so ausdrücklich als möglich feststellt, daß „Moses niemals gen Himmel gefahren ist" — wie auch geschrieben steht „Die Himmel sind Jehovah's und die Erde hat er den Kindern des Menschen gegeben."*)

Es war daher unumgänglich nothwendig, daß der Prophet im Heiligen Lande gewesen war, ja in Jerusalem. Und die Miraj trugen sich zu, die Verklärung, die Himmelfahrt, die thatsächliche Vollendung von Mohammeds Sendung und der Mittelpunkt von Islamischer transcendenter Legende und Glauben. Einen ganzen Band Ueberlieferungen giebt es über diesen einen einzigen Punkt.

„Preis sei Ihm", sagt der Koran „der Seinen Diener bei Nacht vom Tempel Al Harâm (Mecca) überführte nach dem entferntesten Tempel (von Jerusalem), dessen Umkreis wir gesegnet haben, damit wir Ihm einige unserer Zeichen aufweisen

---

*) Siehe Em. Deutsch „der Talmud"

könnten. In Wahrheit Er, der hört, der sieht.".... Und im zweiundsechszigsten Verse eben desselben Kapitels ist diese Reise nachdrücklich als eine „Vision" — „ein Traum" — „eine Versuchung für Menschen," bezeichnet.

Dies sind die kurzen Grundzüge derselben, obgleich Mohammeds eigener Bericht wahrscheinlich noch kürzer und nüchterner gefaßt war verglichen mit den Welten goldener Träume, worin die spätere Legende schwelgt.*)

In der Mitte der Nacht erschien Gabriel dem Mohammed und erzählte ihm, daß der Herr die Absicht habe, ihm Ehre zu erweisen, wie Er sie noch nie einem bis jetzt gebornen Wesen erzeigt habe, wie sie noch nie in eines Menschen Herz gekommen sei. Er stand auf und sie gingen zur Kaaba, die sie siebenmal umwandelten. Dann nahm Gabriel Mohammeds Herz heraus, wusch es in dem Brunnen Zemzem, füllte es an mit Glauben und Erkenntniß und stellte es zurück an seinen Ort. Er war damals gekleidet in ein Gewand von Licht, und war bedeckt mit einem Turban von Licht, in welchem in tausendfältigen Lichtstrahlen die Worte glänzten „Mohammed ist Gottes Prophet, Mohammed ist Gottes Freund." Dann, umgeben von Myriaden von Engeln, ritt er auf dem Borak — was nur den Blitz bedeutet — und hatte das Antlitz eines Menschen; seine rothe Brust war wie ein Rubin und sein Rücken gleich einer weißen Perl. Seine Schwingen reichten von dem östlichen Punkte des Horizontes bis zum westlichen, und bei jedem Schritt ging er soweit als das Auge sehen konnte. Dreimal betete Mohammed während er flog: zu Medina, zu Madyan, zu Bethlehem. Liebliche Stimmen riefen — zur Linken, zur Rechten, vor ihm, hinter ihm: schöne Weiber flatterten ringsumher; er achtete auf nichts. Und die Engel erzählten ihm, daß, hätte er auf die erste Stimme gehört, die ihm nachfolgten, Juden geworden wären; auf die zweite, Christen; auf die dritte, so würden

---

*) Wir möchten Gelegenheit haben einige der glänzenden Züge dieser Vision in der spätern Haggadah anzudeuten, wenn wir von Mohammeds Himmel und Hölle sprechen. In höchstem Grade characteristisch sind die Unterschiede betreffs einiger Punkte: unter Anderm die gänzliche Weglassung in der Mohammedanischen Legende von jenem fünften Himmel des Midrasch „Gan Eden", der für die Seelen edler Weiber reservirt ist — von welchem Pharao's Tochter, die so zärtlich mitleidig war gegen das Kind Moses, den ersten Platz des ersten Kreises einnimmt.

… sie das Paradies aufgegeben haben für die Freuden dieser Welt. Zu Jerusalem betrat er, von neuen Engelschaaren begrüßt, den Tempel (und der Ring, durch den der Borak befestigt war, ist ohne Zweifel von manchen unsrer Leser nahe der „Kuppel des Felsens" gesehen worden); und hier waren alle Propheten, Christus unter ihnen, versammelt; und höchst überraschend sind die Portraits, die von ihnen gegeben sind. Abraham ähnelte Mohammed am meisten von Allen.

Gebete wurden aufgesagt, und Mohammed handelte wie der Priester-Vorsänger. Die meisten Propheten hielten darauf eine kurze Rede zum Lobe Gottes und schilderten ihre individuelle Mission auf Erden. Mohammed, der zuletzt gesprochen hatte, stieg Jakobs Leiter hinan und stand auf „dem" Felsen, demselben, der nach dem Midrasch, den Grundstein der Erde bildet. Und ein höchst seltsam aussehender Fels ist es, der sich wenige Fuß über den Marmor ringsum erhebt, kaum berührt vom Meißel, und an der süd-westlichen Ecke desselben ist „die Fußspur des Propheten" sichtbar, und nahe dabei die „Handspur des Gabriel", der den Felsen darnieder hielt als er es versuchte sich himmelwärts zu heben mit dem Boten Gottes. Die Leiter, auf der Mohammed zu den Regionen des Lichtes stieg, ist dieselbe, die Jakob in seinem Traum sah: sie reicht vom Himmel zur Erde und auf derselben kehren die Seelen der Abgeschiedenen zu Gott zurück. Sie ist gemacht aus Rubin und Smaragd, aus Gold und Silber und aus kostbaren Steinen.

Nachdem sie an den Engeln vorbeigekommen waren, die die sieben Erden und die sieben himmlischen Sphären hielten und die blaue Tiefe, in der alle idealen Prototypen der Dinge unter dem Monde schwebten, kam er und Gabriel zu den Pforten des ersten Himmels der Welt, wo Myriaden von neuen Engeln Wache hielten. Sowohl er als Gabriel traten ein und fanden andere Myriaden, Gott preisend in der Stellung des Muslim Gebetes. Auf einem prächtigen Throne saß Adam, in Licht gekleidet, die menschlichen Seelen ihm zur Seite aufgestellt — ihm zur rechten die guten Seelen, zur Linken die bösen. Weiterhin war das Paradies und die Hölle. Bestrafungen wurden hier vollzogen gemäß den Thaten auf Erden. Die Seelen der Elenden waren nackt und hungrig und durstig; Diebe und Schwindler saßen an Tischen, die mit prächtigen Dingen angefüllt waren, an denen ihnen nicht gestattet war Theil zu haben; und Spötter und Verleumder schleppten schwere spitzige Scheite Holz, die ihr Fleisch zerrissen, gerade wie sie verwundet hatten die Herzen ihrer Mitmenschen. So durchwanderten sie Himmel auf Himmel. Im zweiten fanden sie Christus und Johannes den Täufer; im dritten Joseph und David, im vierten Henoch, im fünften Moses, der weinte, weil Mohammed mehr erhoben werden sollte als er es gewesen war. Im höchsten Himmel fanden sie Abraham. Ueber dem siebenten Himmel kamen sie zu einem Baum von großen Blättern und Früchten. Auf demselben ist Gabriels Aufenthaltsplatz auf einem Zweige von unermeßlicher Ausdehnung; auf einem andern lesen Myriaden von Engeln den Pentateuch; auf einem andern lesen andere Myriaden von Engeln das Evangelium; auf einem andern indeß singen sie die Psalmen; und auf einem andern singen sie den Koran von Ewigkeit zu Ewigkeit. Vier Ströme fließen aus von dieser Gegend, von denen der eine der „Strom der Gnade" ist. Ferner ist da ein Haus des Gebets, genau über der Kaaba.*) In der Nähe ist ein Teich von Licht, aus dem, wenn Gabriels Licht sich ihm nähert, siebzigtausend Engel ins Dasein springen — was unsre Leser an den Feuerstrom erinnern wird, der seine Flammen unter dem Göttlichen Throne dahin rollt, und aus dem immer neue Myriaden von Engeln hervorgehen, die Gott preisen und in das Nichts zurücksinken.**) Sie nahen dem Tempel, Loblieder singend auf Gott; und jedesmal, wenn ihre Stimmen wiederhallen, ist ein neuer Engel geboren. „Nicht ein Wassertropfen ist in dem Meere, nicht ein Blatt auf einem Baume, nicht eine Spanne Raumes in den Himmeln, die nicht bewacht würde von einem Engel." Und bis auf den heutigen Tag leben all diese prächtigen Transcendentalismen und wachen Träume leibhaftig fort in gewissen jüdischen mystischen liturgischen Gedichten (Piut), in welche die goldenen Ströme der Haggadah verwandelt worden sind durch Dichter oder „Paitanas" in einer frühen Periode.***) Eine Strecke weiter, eine kurze Strecke, nach dem

---

*) In Uebereinstimmung mit der haggadistischen Vorstellung des „Jerusalem in der Höhe" und des „himmlischen Jerusalem" des Neuen Testaments.
**) Siehe Em. Deutsch „der Talmud".
***) Im Westlichen Europa ist dieser Theil der jüdischen Liturgie, als zu mystisch für die schwächeren Brüder, jetzt meistentheils abgeschafft.

Baume der Grenze fand Mohammed sich plötzlich allein. Weder Gabriel noch Borak wagten jenseits desselben zu gehen; und er hörte eine Stimme, die rief „Komm heran". Und er trat hinzu, und Vorhang nach Vorhang und Hülle nach Hülle wurden vor ihm aufgezogen und fielen hinter ihm. Als der letzte Vorhang in die Höhe ging stand er zwei Bogenschuß weit von dem Throne, und hier, sagt der Koran, sah er die größten Zeichen seines Herrn." Keine Feder wagte mehr zu sagen. „Da war ein großes Schweigen und nichts ward gehört außer dem stillen Laute des Rohres, womit die Decrete Gottes eingeschrieben werden auf die Tafeln des Fatums"....

Es würde in der That eine Liebesmühe sein und nicht ohne den Lohn derselben, dieser Miraj=Saga durch alle ihre Stufen nachzugehen bis herab zu den persischen und türkischen Cyclen. Doch ist dies nicht unsre Aufgabe. Alles was wir hier hinzuzufügen haben ist dies, daß Mohammed nicht verantwortlich zu machen ist für einige seiner enthusiastischen Bewunderer, wenn sie diese Vision umdeuteten — eine Vision, die so großartig ist wie irgendeine in der ganzen Göttlichen Komödie — die in der That einige ihrer reichsten Federn von derselben geborgt hat — bei der indeß Mohammed, bis er übel davon ward, beharrte es einen „Traum" zu nennen, bis zum Geschmacklosen und zum Geifern.

Ein Zug verdient überdieß Erwähnung. Als Zaid den Propheten nach seiner kleinen Tochter, die gestorben war, fragte, antwortete er, sie wäre im Paradies und glücklich. Und Zaid weinte bitterlich.

Es erübrigt, was traditionelle Mirakel betrifft, der letzte der beiden Engel, der Mohammeds Herz herausnahm, als er ein Knabe war, es im Schnee reinigte, es dann wog und es schwerer fand als all die tausend, die sie in die andre Schaale gelegt: — eine Parabel, die ebenso durchsichtig ist und kaum ein „Mirakel" in dem conventionellen Sinne des Wortes.

Ein einziger Befehl ward Mohammed gegeben bei jener Gelegenheit der Himmelfahrt — daß sein Gläubiger funfzigmal täglich beten sollte. Und als er dorthin zurückkehrte, wo Moses auf ihn wartete und ihm dies erzählte, hieß Moses ihn zurückkehren und zu Gott bitten, die Zahl herabzulassen. Und es wurde vierzig daraus gemacht. Dies ist noch zuviel, sagte Moses; ich weiß, daß der Gläubige nicht im Stande sein wird, selbst soviel zu thun. Und wieder und wiederum ward die Zahl herabgelassen bis es auf fünf kam, und Mohammed es nicht länger wagte zu Gott zurückzukehren, obgleich Moses ihn drängte, es zu thun. Sehr überraschend in der That giebt die Haggadah ihre beständige Anwesenheit kund, nicht allein während dieser ganzen Vision, sondern auch in solchen umständlichen Zügen, wie dieser letzte, wie Gott Mohammed unterweist in Bezug auf das Gebet.*) Denn wo der Pentateuch an jene außerordentliche Kundgebung Gottes gegen Moses auf dem Felsen erinnert, wo der Ruhm des Herrn vorbeigeht und ausruft: „Jehovah, Jehovah, Gott, erbarmend und gnädig, langmüthig und überschwänglich an Güte und Treue, Erbarmen übend für Tausende, Unrecht vergebend und Uebertretungen und Sünde"... so führt der Talmud von Allen zuerst diese Stelle an, wie es seine Gewohnheit ist in den ähnlichen anthropomorphistischen Stellen, mit den ehrfurchtbewegten, halbzitternden Worten, daß, wenn die Heilige Schrift dies nicht gesagt hätte, kein Mensch von einer ähnlichen Kundgebung zu sprechen wagen würde, und dann fährt er fort zu erklären daß „Gott Moses gezeigt habe, wie Menschen beten sollen." — „Laßt sie mein Erbarmen und meine Langmüthigkeit anrufen. Ich will ihnen vergeben. Jehovah — zweimal wiederholt — bedeutet, „Es ist Jehovah, ja Ich, vor dem der Mensch sündigt und Ich, derselbige Jehovah, hinter dem er gesündigt und bereut hat".

Es ist Zeit, daß wir jetzt, nach diesen mannigfachen unerläßlichen kleinen Monographieen, zu dem Gründer des Islam selbst, als historischer Persönlichkeit, zurückkehren. Bevor wir zu seinem Buch und Glauben fortschreiten, müssen wir die Ereignisse zusammenfassen, die zuerst zu seiner Flucht führten, jenes Ereigniß, mit dem nicht allein er, sondern Arabien in die Geschichte eintritt, ein Ereigniß, das erfüllt ist von einschneidender Wichtigkeit für die ganze Menschheit.

Als Mohammed klar geworden war in Bezug auf seine Sendung, suchte er Convertiten. Und sein erster Convertit war seine gläubige mütterliche Chadija; sein zweiter der freigelassene Sklave Zaid, wahrscheinlich ein Christ, den er adoptirte; und

---

*) Die Abkürzung desselben siehe oben.

sein Dritter sein kleiner Vetter Ali, zehn Jahre alt. Chadija, sein guter Engel, berichtet die Ueberlieferung, „glaubte an Mohammed und glaubte an die Wahrheit der Offenbarung und befestigte ihn in seinen Zielen. Sie war die Erste, die an Gott glaubte, an Seinen Gesandten und an die Offenbarung. Dadurch hatte Gott ihm Trost gesendet, denn so oft er etwas Mißliebiges hörte, Feindseliges, oder wie er als ein Lügner angesehen ward, war sie darüber betrübt. Gott tröstete ihn durch sie wenn er zu ihr zurückkehrte, indem sie ihn wieder aufrichtete und seine Last ihm leichter machte, ihn ihres Glaubens an ihn versicherte und die Nichtigkeit von der Leute Geschwätz ihm darlegte."

Und in Wahrheit, als sie starb, verlor nicht nur er, sondern der Islam viel von seinem Feuer, viel von seiner Reinheit. Er ließ sich nicht trösten, obgleich er manche Weiber nach ihr heirathete; und die schönste und jüngste seiner Weiber hörte nie auf eifersüchtig zu sein auf das „todte, zahnlose alte Weib." Abu Bakr, ein reicher Kaufmann, energisch, klug und ehrenhaft, schloß sich zugleich an. Er war wahrscheinlich ein Mitschüler des Mohammed gewesen zu Füßen des Zaid, des Skeptikers, und war sein Vertrauter und Busenfreund sein Lebelang — der Einzige, der ohne Zögern sich anschloß „der nicht zauderte, noch betroffen war" sagt Mohammed von ihm. Er war es, der an der Spitze der zwölf erwählten Apostel stand, die sich in der Folge um den Propheten sammelten, unter denen wir Hamza finden, den Löwen Gottes, Othman, Omar und die Uebrigen, Männer von Energie, Talent und Reichthum, und lange vorher Gegner des Heidenthums. Diese zwölf waren seine Hauptrathgeber, während er lebte, und nach seinem Tode gründeten sie ein Reich, größer als das von Alexander oder Rom. Was Abu Bakr betrifft, so war er nur zwei Jahre jünger als der Prophet, nicht ein Mann von Genie, aber von ruhigem, klarem, unparteiischem Urtheil, und doch von so zartem und sympathischen Herzen, daß man ihn gewöhnlich „den Schmachtenden" nannte. Er war nicht nur einer der populärsten Männer, sondern auch reich und freigiebig, und so kann sein Einfluß nicht wohl überschätzt werden. Es ist seine vollkommene Anhänglichkeit an Mohammed, was auch von denen, die den Propheten am ungünstigsten beurtheilen, als eine der höchsten Garantieen für des letzteren Lauterkeit angesehen wird. Ja man sagt von ihm, daß er mehr für den Islam gethan habe als Mohammed selbst — nicht zu erwähnen, daß er durch seine ausgedehnte Kenntniß der Genealogie, einer der wichtigsten Wissenschaften des Zeitalters, fähig war, auf des Propheten Wunsch, Hassan, den Propheten des Glaubens, mit Stoff zu versehen zu Satiren gegen die feindseligen Kureisch.

Die meisten von Mohammeds Verwandten scheinen seine Lehren mit Hohn behandelt zu haben. „Da geht er", pflegten sie zu sagen „er geht jetzt, der Welt von den Himmeln zu sprechen." Abu Lahab nannte ihn im offnen Familienrath einen Narren, worauf sogleich jene characteristische Surah folgt „Verderben werden die Hände Abu Lahabs. Mag er verderben.... Und sein Weib wird Brennholz schleppen für sein Höllenfeuer." Die andern Meccaner betrachteten die ganze Erzählung von seiner Sendung, seinen Offenbarungen und Träumen mit etwas wie mitleidiger Verachtung, solange er sich in Allgemeinheiten hielt, obgleich die Zahl unbeeinflußter Anhänger Schritt für Schritt wuchs. Als er aber von ihren Göttern, die sie, naiv genug Thagût (Irrthum) zu nennen pflegten, das technische jüdische Wort für Idole, als Idolen*) sprach, wurden sie ergrimmt und verbanden sich gegen ihn, bis der Aufruhr, den er und sie anstifteten, sich mehr und mehr heftig und gefährlich ausbreitete und mit ihm sein eigener Muth wuchs. Er fühlte sich bloßgestellt. Alles Zaudern und Zweifel und Furcht und Versöhnung warf er jetzt hinter sich. Er forderte die stolzen Meccaner offen heraus. Er verfluchte die, die ihn verfluchten, mit brennenden Flüchen. Er verfluchte ihre Väter in ihrem Grabe, ja, sein eigener Vater hätte ewige Strafe in der Hölle gelitten, weil er ein Götzendiener gewesen. „Es ist kein Gott, als Allah!" Er rief es laut, Tag und Nacht, und der Widerhall ward häufiger und häufiger.

Sein Leben war jetzt in Gefahr und sein Onkel Abu Talib, unter dessen Schutz er gekommen in seiner Jugend, trat auf gegen den ganzen Stamm. Er hätte ihn geschützt und wenn sie Alle sich gegen ihn verbunden hätten. Glaubte er an seine Sendung? Nicht im Geringsten. Er blieb fest in seinem Glauben oder Skepticismus bis zum Tage seines Todes. Aber er war ein Araber, ein Semit. Er hatte ihn adoptirt und versprach

---

*) Siehe Targums, in Smith, „Dict. of the Bible."

ihn zu schützen, und nichts, absolut nichts, konnte ihn veranlassen jene heiligste der Verpflichtungen zu verletzen. Er empfing die Deputationen seiner Verwandten, hörte auf ihre Reden „wie Mohammed ihre Götter schmähte, die Lebenden Narren und die Todten Bewohner des höllischen Feuers nannte, daß er toll wäre, Unehre auf ihre Familie und den ganzen Stamm gebracht habe, daß er vertilgt werden müsse auf irgendwelche Art — sei es wie es wolle"; und er schüttelte sein Haupt, und sagte nichts oder beinahe nichts. Wieder kehrten sie zurück und immer wieder, verlangten sie, daß der besessene Mann ihnen sollte ausgeliefert werden, daß sie mit ihm verfahren nach ihrem Urtheil. Wenn nicht — „Sind wir entschlossen nicht länger seine Blasphemie gegen unsre Götter zu ertragen, noch seine Angriffe gegen uns selbst. Wenn du ihm Schutz giebst, werden wir gegen dich kämpfen und ihn, bis Einer von uns vertilgt ist."

Abu Talib sandte nach Mohammed und erzählte ihm, was sich zugetragen hatte und stellte ihm die Lage der Dinge vor und sprach zu ihm über die Gefahr, die er über ihren guten alten Stamm gebracht hatte. Und sehr characteristisch, nicht bloß für die dramatis personae, sondern für Arabische Empfindung ist die weitere Geschichte ihrer Begegnung. Mohammed, obgleich jetzt vollkommen der Meinung, daß selbst sein Onkel ihn der Gnade und Ungnade seiner Verwandten preisgeben wolle, erwiderte — „Bei Allah, Onkel, wenn sie die Sonne mir zur Rechten setzten und den Mond zur Linken, will ich die Bahn nicht aufgeben, die ich verfolge bis Allah mir Erfolg verleiht oder ich zu Grunde gehe." Und die Thränen stürzten ihm in die Augen, und er wandte sich wieder zu gehen. Da rief Abu Talib laut aus „Sohn meines Bruders, komme zurück!" Und er kehrte zurück. Und Abu Talib sagte: „Gehe hin in Frieden, o mein Neffe! Sage was immer du magst, denn, bei Allah, ich will dich in keiner Weise verlassen, immerdar."

Der Fanatismus, hier zu Schanden gemacht, suchte anderswo einen Ausweg. Wie gewöhnlich wurden die Schwachen und die Unbeschützten die ersten Opfer und Märtyrer ihres Glaubens, während Andere abtrünnig wurden, bis Mohammed selbst seine Neubekehrten anwies nach Abyssinien zu gehen, wo ein frommer und gerechter König herrschte, und wo sie Schutz finden würden. Hier auch erklärten sie, als Meccanische Gesandte sie verfolgten und ihre Auslieferung zu erlangen versuchten, ihren Glauben dem Negus in folgenden Worten: — „Wir lebten in Unwissenheit, in Götzendienst und Unkeuschheit, der Starke unterdrückte den Schwachen, wir sprachen die Unwahrheit, wir verletzten die Pflichten der Gastfreundschaft. Da trat ein Prophet auf, Einer, den wir von Jugend auf kannten, mit dessen Herkommen und Führung und Zuverlässigkeit und Sittlichkeit wir Alle wohl bekannt sind. Er hieß uns, Einen Gott anzubeten, die Wahrheit zu sprechen, Treu und Glauben zu halten, unsern Verwandten beizustehen, die Rechte der Gastfreundschaft zu beobachten, uns zu enthalten aller unreinen, unfrommen, ungerechten Dinge. Und er befahl uns, Gebete zu sagen, Almosen zu geben, und zu fasten. Wir glaubten an ihn, wir folgten ihm. Doch unsre Landsleute verfolgten uns, peinigten uns und veranlaßten uns unsre Religion zu vergessen, und jetzt begeben wir uns unter euren Schutz mit Zuversicht."

Dann lasen sie ihm das neunzehnte Kapitel des Koran vor, das von Christus spricht und Johannes dem Täufer, und sie weinten Alle, und der König entließ die Meccanischen Gesandten und schlug es aus die Flüchtigen aufzugeben. In Bezug auf die Natur Christi gaben sie ihm einen etwas unbestimmten Bericht, mit welchem der König indeß sich zufrieden gab — bis zu seiner spätern Niederlage.

Dies neunzehnte Kapitel, das sie Alle so bewegte, enthält sowohl die Erzählung der Verkündigung von Johannes Geburt an Zacharias und die von Christus Geburt an die Jungfrau. Hier ist es, wo Maryam=Marie „die Tochter des Amrán, die Schwester des Harún" beschrieben wird, wie im Evangelium der Kindheit, als lehnend auf einen kahlen Stamm eines Palmenbaumes, da die Wehen über sie kommen und sie ausruft „Wollte Gott, daß ich todt und vergessen wäre vordem" . . . Und eine Stimme kam von Innen „Gräme dich nicht." Und ein Bach ergoß sich ihr zu Füßen und die zuvor verdorrte Palme glänzte von süßen Datteln. Dann, vom Volke verhöhnt, daß sie ein Kind geboren habe — „da ihr Vater kein schlechter Mann sei, auch ihre Mutter nicht unehrbar" — antwortet das Kind selbst, auch Christus, auf den sie stumm hinweist, zu Jedermann's Erstaunen, aus seiner Wiege, in folgender Weise: „Ich bin ein Diener Allah's. Er hat mir das Buch gegeben und Er hat mich zum Propheten bestimmt." Und wenige Verse weiter bezeichnet ein neuer Reim den Beginn einer neuen Episode, die folgendermaßen lautet: "Dies ist Jesus, der Sohn Maria's, nach der wahren Lehre (nicht „den Worten der Wahrheit" wie oft übersetzt worden ist), was sie bezweifeln. Es ist nicht angemessen für Gott, daß Er einen Sohn haben sollte. Preis Ihm!" (i. e. fern sei es von Ihm). Und endlich am Ende ebendesselben Kapitels —

"Sie sagen, Gott hat einen Sohn erzeugt. Hiermit spricht man eine Blasphemie aus; und nur wenig fehlt, daß die Himmel sich öffneten und die Erde berstete, und die Berge nieder fielen, um deßwillen, daß sie Kinder zuschreiben dem Erbarmer, da es nicht angemessen für Gott ist Kinder zu haben, Niemand im Himmel und auf Erden soll dem Erbarmer anders nahen denn als Sein Diener . . ." *)

Dies ist die erste Hejrah, der erste Triumph des Glaubens. Doch mittlerweile hat Mohammed selbst widerrufen, ist abtrünnig geworden — zweimal. Während die kleine Schaar die Reinheit seiner Offenbarung verkündete vor dem Negus von Abyssinien, war Mohammed zur Kaaba gegangen und in seinem krankhaft verbitterten Seelenzustand, sich selbst Jedermann entfremdet findend, rief er, inmitten absolut hoffnungslosen, fast auf eigene Hand geführten Kampfes, vor den versammelten Kureisch ihre drei populären Götzen an — "die erhabenen Schwäne", deren Vermittlung gesucht werden sollte. Die Versammlung war entzückt, und obgleich sie seine Schwäche verachteten, so wünschten sie doch, dem unangemessenen Streit ein Ende zu machen und erklärten sogleich ihre Geneigtheit an seine Lehre zu glauben, da dieselbe die Verehrung ihrer alten Götter in sich schlöße. Doch am folgenden Tage stieß Mohammed jene Erklärung öffentlich um. "Der Teufel habe ihn in Versuchung geführt", erklärte er kühn, und die Fehde ward bitterer denn zuvor. Doch seine Seele war, wie wir sagten, zu jener Zeit in einem krankhaft gequälten Zustande. Er war niedergeschlagen, nervös, von Furcht erfüllt, und doch war er noch bereit Zugeständnisse zu machen. Um Beschimpfungen zu entgehen erklärte er ungefähr zur selben Zeit, daß ihm befohlen worden sei die Fortsetzung von Opfern an die Götzen zu gestatten; und dann bereute er wieder, und

---
*) Vergl. oben.

Verse, die seine Zerknirschung bei seiner augenblicklichen Schwäche ausdrückten, kamen und trösteten ihn inmitten der Wirren, die durch seinen Widerruf veranlaßt waren. Zu jener Zeit kam auch jener große Trost über ihn, die Bekehrung jener beiden: Hamza, genannt der Löwe Gottes, und Omar, der Paulus des Islam, ehedem Mohammeds bitterster Feind, der das Haus Mohammeds betreten hatte, umgürtet mit dem Schwerte, entschlossen ihn zu erschlagen, und der als ein Muslim zurückkehrte, der eifrigste Apostel des Glaubens, dessen kräftigster Pfeiler und Vertheidiger. Unter den zwölfen, von denen wir sprachen, wurden Abu Bakr und Hamza die vornehmsten Häupter und wesentlichsten Stützen des jungen Islam.

Und jetzt war der Bruch in dem Stamme vollendet. Die ganze Familie des Mohammed, die Haschimiten wurden excommunicirt. Großes Ungemach folgte für beide Seiten für den Zeitraum von drei Jahren, bis, als beide sich darnach sehnten, die Excommunication zurückzunehmen, man fand, daß das Document selbst von Würmern zerstört sei — Alles bis auf den Namen Gottes, mit dem es begann. Während so auf der einen Seite Mohammeds Stern im Steigen zu sein schien, da er, wenn nicht Anerkennung, in jedem Falle Duldung erzwungen hatte, befiel ihn ein bitterer Kummer. Chadija, fünf und sechszig Jahr alt, starb; kurz darauf sein Beschützer, Abu Talib, und, wie um den Becher seines Elends zu füllen, ward er jetzt gewahr, daß er ein Bettler war. So lange Chadija lebte, sorgte sie für ihn und überließ es ihm an seinen Wohlstand zu glauben. Denn er war hauptsächlich beschäftigt mit seinen Offenbarungen und damit, umherzugehen und zu predigen den Karawanen, den Pilgern, dem Volke, auf den Märkten. Und hinter ihm kam sein andrer Onkel, gleich einem häßlichen Schatten, und wenn er das Volk ermahnte gleich ihm zu wiederholen „Es ist kein Gott als Allah", und ihnen versprach, daß sie Alle Könige sein sollten, wenn sie es thäten — wie sie es in der That wurden, so pflegte Abu Lahab „der Schielende" mit seinen zwei Stirn-Locken sich über ihn lustig zu machen und ihn einen Lügner zu nennen und einen Sabiäner. Und das Volk machte, ihm folgend, sich lustig und trieb ihn fort und sagte: „Sicherlich müssen eure eignen Verwandten am besten wissen, was für eine Art von Prophet ihr seid." Dieser Abu Lahab mußte jetzt vortreten und als ein Verwandter das argeitsche Amt auf sich nehmen Mohammed zu schützen, den er verabscheute. Abu Talib hatte auf seinem Todtenbette den Bitten sowohl Mohammeds als der Koreisch widerstanden — indem der Eine versuchte ihn zu bewegen den Islam anzunehmen, die Andern, seinen Neffen aufzugeben. Er that keins von beiden, und so ließ er die Sache, wo sie war. Doch Mohammed fühlte die Albernheit und die Gefahr seiner Lage als der Beschützte seines großen Feindes sehr scharf, und er entschloß sich, sich fortzuwenden von dem Orte seiner Geburt, wie Abraham es gethan hatte und Moses und andre Propheten und zu versuchen anderswo Gehör zu finden. Er kam demnach zu Tayif nach dreitägiger Reise von Mecca aus, doch hatte er keinen Erfolg. Sie deuteten an, daß sein Leben nicht sicher unter ihnen sein würde. Der Pöbel schrie und warf ihn mit Steinen. Er kehrte zurück mit traurigem Herzen. Auf seinem Wege machte er Halt und betete. Und wie einst die Steine Amen gesagt hatten zu des blinden Heiligen Rede, so lauschten jetzt, sagt die Legende, die Jin auf seine Worte, da Menschen ihn nicht hören wollten. Und als Zaid, der mit ihm ging, ihn fragte, wie er es wagte zu den Koreisch zurückzukehren, antwortete er „Gott wird Mittel finden Seine Religion zu schützen und Seinen Propheten."

Und mitten unter diesen Wechselfällen ereignete sich der Umstand, ohne den man vom Mohammedanismus nie gehört haben würde, es sei denn als einer der vielen Ausgeburten des Sectenwesens.

Medina, damals Yathrib ward bewohnt von einer großen Anzahl von Juden. Sie hatten, wie vorher erwähnt, eine Academie, wo sowohl Halachah als Haggadah ausgelegt wurden, doch gänzlich ohne Aufhebens davon zu machen. Sie lebten in Friede und Freundschaft mit ihren Nachbarn, doch hatten sie oft religiöse Unterhaltungen mit denselben, wobei die Götzendiener schlecht genug fuhren. Mit Schärfe des Verstandes, mit plötzlichen Funken von esprit, mit allen Künsten der Casuistik, zeigten sie ihnen die Nichtigkeit ihrer Glaubensform. Sie erzählten ihnen ferner als die Inhaber heiliger Bücher, solche Legenden und Geschichten von ihrem gemeinsamen Vorgänger Abraham, ihrem gemeinsamen Verwandten Ismael, und Alles was denen vor und denen nach denselben begegnet war, daß ihre Einbildungskraft entzündet, ihr Herz bewegt, ihr Geist entflammt ward, und daß sie im Geheimen nicht umhin konnten der seelischen und religiösen Ueberlegenheit dieser ihrer Nachbarn auf sich Einfluß zu gestatten. Aber ihr arabischer Stolz gab nicht nach; und wenn sie offen diese Ueberlegenheit des Glaubens läugneten, pflegten die Juden ihnen zu erzählen, daß ihr Messias kommen und sie bestrafen würde für ihren Unglauben, gleichwie der Unglaube der legendenhaften Ureinwohner, die dort vor ihnen gelebt hatten, wäre bestraft worden.

Als die wenigen Pilger, die geduldig auf Mohammed gehört hatten bei seinen vielen Gebeten, die seltsame Nachricht nach Medina zurückbrachten, daß ein gewisser Mann von guter Familie öffentlich den alten Göttern entsagt habe und gesprochen von dem Gotte Abrahams und von seiner Sendung, seine Brüder zu ihm zu bekehren, kein Jude, kein das Judenthum Predigender, sondern ein Araber, ein Heide gleich ihnen, ein Mann von ihrer Haut und Haar, ein Mann, der stufenweise eine gewisse Stellung und Nachfolge erlangt habe, trotz aller Angriffe und Hindernisse, so ergriff das einige der fortgeschrittenen und weitschauenden Männer jener Stadt, daß dies ein Glück sei, das man nicht verlieren dürfe. Wenn ihr Volk „bei welchem mehr Uneinigkeit zu finden war als bei irgend einem andern auf dem Antlitz der Erde" geeinigt werden konnte durch einen reinen Glauben, der ausdrücklich der ihrige war, und der, obwohl er manche der Grundwahrheiten des Judenthums anerkannte, das Judenthum selbst nicht anerkannte, so würde das ein großes Werk sein; und wenn ferner sie den Kommenden anerkannten, den Messias, mit dem sie von den Juden bedroht worden waren, bevor selbst diese von ihm wußten, würden sie einen doppelt glänzenden Sieg erringen. Und sie kamen zu Mohammed im Geheimen als Deputation und erzählten ihm, daß, wenn er im Stande wäre jene religiöse und politische Einheit zu schaffen, die verlangt war, sie ihn als den vorhergesagten Propheten anerkennen würden und „den größten Mann, der je gelebt."

Mohammed las ihnen dann ein kurzes Verzeichniß der Vorschriften vor — nur Einen Gott zu verehren, nicht zu stehlen, keinen Ehebruch zu begehen, ihre Kinder nicht zu tödten, nicht zu verleumden, und seiner Autorität zu gehorchen in Dingen, die „recht und gerecht" sind, was sie ihm nach wiederholten.

Dies wird das Weiber-Gelübde genannt, weil dieselben Punkte nachher zu Gunsten der Weiber im Koran erwähnt wurden, und weil keine Erwähnung vom Kampfe für den Glauben in dieser Formel enthalten war.

Kurz darauf ward ein feierlicher und geheimer Vertrag geschlossen zwischen einer andern einflußreichen Deputation von Medina und ihm: in der Stille der Nacht „sodaß die Schläfer nicht erweckt und die Abwesenden nicht erwartet werden konnten." Hier erklärte er vollständiger seinen Glauben. Es giebt, erzählte er ihnen, manche Formen des Islam oder Monotheismus; und jede nimmt eine verschiedene Form der Verehrung oder äußern Hülle an. Die wirklichen Punkte bestehen im Glauben an die Auferstehung, an das jüngste Gericht und, über Allem, in bedingungslosem Glauben an einen einzigen Gott, Allah, dem äußerste Unterwerfung geschuldet wird, und der allein gefürchtet und verehrt werden soll. Andere wesentliche Punkte sind, Beharren im Unglück, Gebet und Barmherzigkeit.

Dann schworen sie ihm Treue in die Hand. Als dies vorüber war, wählte er zwölf unter ihnen aus — Jesus hatte zwölf Apostel gewählt und Moses seine Aeltesten der Stämme Israels, sagte er — und ermahnte diejenigen, die nicht erwählt worden waren, nicht unwillig zu sein in ihrem Herzen, da ja nicht er, sondern Gabriel die Wahl bestimmt hätte. Dies waren die zwölf „Bischöfe" (Nakib), während die anderen Männer von Medina „Gehülfen" (Ansár) genannt werden.

So geheimnißvoll als diese Dinge geschehen waren, wurden sie bald bekannt in Mecca, und jetzt war kein Augenblick zu verlieren. Die Koreisch konnten dies nicht länger dulden; Mohammeds Thorheit war gefährlich geworden. Ungefähr hundert Familien von Einfluß in Mecca, die an den Propheten glaubten, verschwanden in der Stille, zu zweien und dreien, und vieren, und gingen nach Medina, wo sie mit Enthusiasmus aufgenommen wurden. Ganze Viertel der Stadt wurden so verödet und Otba „seufzte schwer" beim Anblick dieser leerstehenden Wohnungen, die einst von Leben strotzten, und führte den alten Vers an „Jeder Wohnort, auch wenn er noch so lange gesegnet gewesen ist, wird zuletzt eine Beute für Wind und Wehe." ....
„Und", fügt er bitter hinzu „Alles dies ist das Werk unsres edlen Neffen, der unsre Versammlungen zerstreut, unsre Geschäfte

zu Grunde gerichtet und Zwiespalt unter uns geschaffen hat."
Die Lage wurde jetzt von Tag zu Tag verwickelter. Ein Schlag
war zu führen. Noch war Mohammed in Mecca, er, Ali und
Abu Bakr. Eine Versammlung der Koreisch kam in aller Eile
in der Stadthalle zusammen, und einige Häupter anderer
Stämme wurden eingeladen dabei zu sein. Die Angelegenheit
war eine Frage für das Allgemeinwohl, nicht für einen Stamm
geworden. — Und der Teufel kam auch, nach der Legende, in
der Verkleidung eines ehrwürdigen Scheik. Stürmisch war die
Zusammenkunft, denn die Männer begannen erschreckt zu wer=
den. Einkerkerung für Zeitlebens, ewiges Exil, und endlich
Tod wurden vorgeschlagen. Hierfür bedurfte man nach der
Legende des Satan. Kein Araber hätte Tod für Mohammed
vorgeschlagen. Der letzte Antrag ward genehmigt; die Ausfüh=
rung desselben aufgehoben bis auf die erste finstre Nacht. Eine
Zahl vornehmer junger Leute sollte die blutige That ausführen.
Inzwischen bewachten sie sein Haus, seiner Flucht vorzubeugen.

Doch inzwischen auch hatte „der Engel Gabriel" Moham=
med erzählt, was seine Feinde gegen ihn geplant hatten. Und
er legte sein grünes Gewand Ali an, hieß ihn sich in sein Bett
legen und entkam, wie David entkommen war, durch das Fenster.
Ein Preis ward auf sein Haupt gesetzt. Abu Bakr, der „ein=
zige Gefährte" war mit ihm. Sie verbargen sich in einer Höhle
in der Richtung, die der nach Medina führenden, entgegenge=
setzt ist, auf dem Berge Thaur. Eine Spinne wob ihr Gewebe
über die Oeffnung der Höhle, berichtet die Ueberlieferung. Es
möge nebenbei bemerkt werden, daß selbst diese Spinne und das
Gewebe der Haggadah angehören und sich in dem Targum zum
fünfundneunzigsten Psalm finden, wo David auf diese Weise ver=
borgen wird vor seinen Feinden. Zwei wilde Tauben legten
ihre Eier vor den Eingang der Höhle, so daß die Verfolger
überzeugt wurden, daß Niemand dieselbe hatte betreten können
seit vielen Tagen, und die Tauben wurden seitdem gesegnet
und heilig gesprochen innerhalb des heiligen Territoriums.
Ein= oder zweimal war Gefahr nahe, und Abu Bakr begann zu
fürchten, „Sie wären nur zwei," sagte er. „Nein,' sagte Moham=
med „wir sind drei, Gott ist mit uns." Und Er war mit ihnen.
Es war ein heißer Tag im September 622 als Mohammed
Yathrib betrat, das von jener Zeit an mit dem Namen Medi=

nat An-Nabi, die Stadt des Propheten beehrt wurde, am Nachmittage: — zehn, dreizehn oder funfzehn Jahre (die Ueberlieferungen weichen von einander ab) nach seiner Uebernahme des heiligen Amtes. Dies ist die Hejrah, oder mohammedanische Aera, die von dem ersten Monat des ersten Mondjahres nach des Propheten Eintritt in die Stadt an rechnet. Ein Jude, der auf einem Thurme wachte, erspähte ihn zuerst, damit erfüllet würden die Worte des Koran: „Die Juden kennen ihn besser als ihre eignen Kinder ihn kennen." Bevor er in das Thor eintrat stieg er von seinem Kameel ab und betete.

Von jener Zeit an ragt Mohammeds bisher dunkles und unbekanntes Leben in seinen kleinsten Einzelheiten hervor. Er ist jetzt Richter, Gesetzgeber, König, ja selbst bis zum Tage seines Todes. Wir wollen es unsern Lesern überlassen die Einzelheiten seines Lebens in irgend einer der Biographien zu verfolgen, die ihnen zur Hand sind, welche von dieser Periode an nicht weiter in irgend einem wesentlichen Punkte auseinandergehen.

Hier aber wenden wir uns sogleich zu jener Periode seiner offenen Mißhelligkeiten mit den Juden, die, wie wir schon gesagt, eine höchst einflußreiche Klasse bildeten zu Medina. Er war stufenweise dahin gelangt als Heiliger betrachtet zu werden und nahm so viel von ihren Dogmen, ihren Legenden, ihren Ceremonien an als immer verträglich war mit seiner Sendung als Prophet der Araber und als einer, der mit Ausschluß des fundamentalen Dogma's von der Sohnschaft, sich auch mit den Christen zu einigen wünschte. Er bezieht sich beharrlich auf das Zeugniß der Juden, nennt sie die ersten Annehmer des Gesetzes, und nicht bloß in solchen Dingen, wie die Wendung nach Jerusalem im Gebete, statt nach dem nationalen Heiligthum, der Kaaba, war er ihnen gefolgt — nein, zu Medina nahm er selbst den „Tag der Versöhnung" an, Datum, Name und Alles. Alles was er dagegen verlangte, war, daß sie ihn als den Propheten der Heiden (Ummi) anerkennen und für seine Sendung Zeugniß ablegen sollten. Doch der Schleier war plötzlich zerrissen vor den Augen der Juden. Wenn sie geglaubt hatten in ihm ein Mittel zu treffen, ganz Arabien zum Judenthum zu bekehren und ihn eifrig gepflegt und ermuthigt hatten, ihn unterwiesen in Gesetz und Legende und ihn veranlaßt hatten, an sich und seine Sendung zu glauben, so wurden sie plötzlich gewahr, daß ihr muthmaßliches Werkzeug ein Ding von immer wachsender Macht geworden war; und sie griffen ihre Zuflucht zu den gefährlichsten Waffen, die denkbar sind, um jenen Geist zu dämpfen, dem sie in die Höhe zu kommen geholfen hatten. Sie verlachten ihn öffentlich. Sie erzählten Geschichten, wie er zu seinen „Offenbarungen" gekommen sei. Sie, die so besorgt gewesen waren, ihn einzuführen in den Midrasch, forderten ihn heraus durch abgeschmackte Fragen über die Haggabistische Lehre — worauf er unklug genug war ernsthafte Antworten zu geben — um seine Messiasschaft zu erproben, mit der sie ihn unaufhörlich verhöhnten. Sie legten die Bibel vor und zeigten, wie verschieden die Erzählungen, die er von den Patriarchen und Anderen erzählte, von den in jenem Buche enthaltenen wären; sie, die diese Haggabistische Gestaltung selbst hervorgebracht hatten. In der That stimmten diese Erzählungen nicht, und selbst Christen (Omayyah und Andere) bezeugten jene Thatsache. Was blieb für Mohammed übrig als zu erklären, daß in diesen Fällen sowohl Juden als Christen ihre Bücher gefälscht hätten und daß sie sie nicht verständen — indem er die rabbinische Bezeichnung gewisser Gelehrten auf sie anwandte, daß, obwohl sie Bücher hätten, sie nur wie „mit denselben beladene Esel" wären, und ihren Inhalt nicht begriffen, oder, daß sie närrische Geschichten verbreitet hätten, daß es das Buch selbst sei. Er erklärte jetzt „daß von allen Menschen, Juden und Götzenanbeter die Muslim's am meisten haßten." Und in Wahrheit, auf die Frage, ob sie Mohammeds Lehre oder den Götzendienst vorzögen, pflegten sie zu antworten — wie ihre Vorfahren es Jahrhunderte zuvor gethan hatten — „Götzendienst": — da Götzendiener es nicht besser wüßten, während es solche gäbe, die wissentlich die reine Lehre entstellten und Streit und Zwietracht säeten zwischen Israel und ihrem Vater, welcher ist im Himmel." Einige fanatische Juden hatten sogar Anschläge auf sein Leben — Einer, unschuldig genug — durch Zauberei; ein Anderer durch das ernstlichere Geschoß eines Steines. Man schrieb Satiren und Possen auf ihn, Männer und Weiber. Es war kein Ende in ihren Herausforderungen. Man mißdeutete seine Koranischen Worte — „verflechtend ihre Zungen" — in der Art, daß man denselben einen beleidigenden Sinn gab. Ihr „Blicke auf uns," klang gleich „O wir Verfluchten". Für „Vergebung" sagten sie „Sünde";

für „Frieden über dich" — „Verachtung über dich", und dergleichen. Sie machten sich lustig über seinen Ausdruck „Gott einen guten Lohn geben" — „daß wir reich sind und Er arm" sagten sie — offenbar die ähnlichen Ausdrücke der Mischnah selbst vergessend, die von gewissen guten Thaten*) spricht als Zinsen bringend in dieser Welt, während das Kapital für das Jenseits aufbewahrt würde. Und das Unvermeidliche geschah. Der Bruch trat ein, und es ward gehaßt, selbst bis zum Tode, auf beiden Seiten. Es war zu spät, einen andern Glauben, andre Lehren, andre Legenden zu substituiren, selbst wenn sie zur Hand gewesen wären. Doch soviel als geschehen konnte, ohne den ganzen Bau zu gefährden um den unheilbaren Bruch zu zeigen, geschah jetzt. Die Gläubigen sollten nicht länger ihr Antlitz gen Jerusalem wenden, sondern gen Mecca. Freitag ward zum Tage der Ruhe gemacht, und der Ruf zum Gebet ward eingeführt als ein vermeintlicher Protest gegen die Trompete der Synagoge, obgleich die Trompete kaum jemals zum Zwecke des Rufs zum Gebet gebraucht worden war. Die Juden sollten nicht gegrüßt werden auf den Straßen; die Gläubigen sollten sich des Speisens mit ihnen enthalten; sie werden als Ausgestoßene erklärt — und bitterlich hatten sie ihr verlornes Spiel zu beklagen.

Im ersten Jahre der Hejrah verkündete Mohammed Krieg gegen die Feinde des Glaubens. Bei Badr standen die Muslims zuerst von Angesicht zu Angesicht gegen die Meccaner und warfen sie, obgleich nur 316 gegen 600. Die Koreisch und gewisse jüdische Stämme waren der nächste Gegenstand der Fehde. Sechs Jahre nach der Flucht kündigte er eine allgemeine Wallfahrt nach Mecca an. Die Einwohner der Stadt schloßen, obwohl sie dies verhinderten, Frieden mit ihm, wobei er als ein Kriegführender erkannt wurde, und die Wallfahrt ward schon im nächsten Jahre ausgeführt. Demnächst hatten andre jüdische Stämme seine eiserne Ruthe zu fühlen, während er beinahe sein Leben verlor durch eine Jüdin, eine andre Judith, die es versuchte, ihn zu vergiften und die, als man ihr das Verbrechen zur Last legte, sagte, sie hätte nur gewünscht zu sehen,

---

*) Z. B. Ehrerbietung gegen Vater und Mutter, Barmherzigkeit, frühe Hingabe an das Studium, Gastfreundschaft, den Todten die letzte Ehre erweisen, Frieden befördern zwischen Nachbar und Nachbar. S. Em. Deutsch, „der Talmud".

ob Mohammed wirklich ein Prophet wäre, und jetzt wäre sie davon überzeugt. Sie rettete so ihr Leben; doch das Gift wirkte, und in seiner Sterbestunde sprach Mohammed von jenem Gift als „die Fibern seines Herzens zerschneidend". Seine Sendboten suchten jetzt eine weitere Sphäre als Arabien. Briefe wurden von ihm gesendet an Heraclius, an den Gouverneur von Egypten, nach Abyssinien an Chosroës II., an Amra den Ghassaniden. Der Letztere empfand dies als eine Beleidigung, tödtete den Boten, und der erste Krieg zwischen Islam und Christenthum brach aus. Islam ward geschlagen. Mecca erhob sich bei dieser Nachricht von Neuem, warf die Maske der Freundschaft ab und brach das Bündniß. Darauf marschirte Mohammed plötzlich 10,000 Mann stark gegen sie, bevor sie Zeit für irgend welche Vorbereitung hatten, nahm Mecca mit Sturm, und ward öffentlich anerkannt als Haupt und Prophet. Mehr Kampf und mehr Fehden, hauptsächlich kleinere, folgten, in welchen er mehr oder weniger siegreich war. Im Jahre zehn der Hejrah unternahm er seine letzte feierliche Wallfahrt nach Mecca, mit wenigstens 40,000 Muslims, und dort auf dem Berge Arafat segnete er sie wie Moses, und wiederholte seine letzten Ermahnungen, indem er sie hauptsächlich aufforderte, zu schützen den Schwachen, den Armen und die Weiber, und sich des Wuchers zu enthalten.

Wieder einmal dachte er an Krieg. Er plante eine großartige Expedition gegen die Griechen; doch er fühlte den Tod sich nahen. Eine Nacht, um Mitternacht, ging er zum Kirchhof von Medina und betete und weinte auf den Gräbern, und bat um Gottes Segen für seine „in Frieden ruhenden Gefährten." Am nächsten Tage ging er zur Moschee, wie gewöhnlich, bestieg die Kanzel und begann seine Ermahnung mit folgenden Worten: „Es war einst ein Knecht, dem Gott die Wahl gegeben hatte jeglicher weltlichen Güter, die er begehren würde, oder die Belohnungen, die Gott nahe sind; und er wählte diejenigen, die Gott nahe sind." Und Abu Bakr, der diese Worte hörte, weinte und sagte: „Mögen unsere Väter und Mütter, unser Leben und unser Hab und Gut ein Opfer für euch sein, o Bote Gottes." Und das Volk wunderte sich über diese Worte. Sie wußten nicht, daß der Prophet von seinem nahen Tode sprach, doch Abu Bakr erkannte es. Einige wenige Tage noch ging Mohammed aus, wie gewöhnlich; doch furchtbare Kopfschmerzen, begleitet von fieberhaften Symptomen, zwangen ihn bald Ruhe zu suchen. Er wählte Ayischa's Haus, nahe der Moschee, und dort nahm er Theil, so lange er konnte an öffentlichen Gebeten. In der letzten Zeit redete er die Gläubigen an, und fragte sie, gleich Moses, ob er irgend Einem Unrecht gethan oder ob er irgend Einem etwas schuldig sei. Die Erzählung recht realistisch abzurunden, war ein Schwach=sinniger zugegen, der gewisse nicht bezahlte Pfennige beanspruchte; diese wurden sogleich zurückerstattet, obwohl nicht ohne ein bit=teres Wort. Er las ihnen dann Stellen aus dem Koran vor und bereitete sie auf seinen Tod vor, und ermahnte sie, unter einander Friede zu halten. Nie wieder nach jener Stunde be=trat er die Kanzel, sagt die Ueberlieferung „bis zum Tage der Auferstehung." Ob er beabsichtigte einen Nachfolger zu be=stimmen — Mosaylima, vielleicht, den Pseudo=Propheten, wie Sprenger vermuthet — oder nicht, muß immerdar ein Geheim=niß bleiben. Es ist wohlbekannt, daß die Schreibmaterialien, nach denen er gefragt hatte, ihm nicht gegeben wurden. Viel=leicht hielten sie ihn für irrsinnig, wie sie es sagten. Etwas Medicin ward ihm gegeben, begleitet von gewissen abergläubischen Bräuchen und Formeln. Er protestirte mit Entsetzen als er dies bemerkte. Er wanderte; etwas von Himmel und Engeln waren seine letzten Worte — „Bürger des Himmels ... Söhne Abrahams ... Propheten ... sie fallen nieder, weinend, prei=send Seine Majestät. ..." Ayisha, an deren Busen sein Haupt ruhte, fühlte es schwer und schwerer werden; sie blickte in sein Angesicht, sah seine Augen aufwärts starren, und hörte ihn murmeln: „Nein, die Gefährten oben ... im Paradiese." Dann legte sie seine Hand in die ihrigen, betend. Als sie die=selbe sinken ließ, war sie kalt und todt. Dies ereignete sich am Nachmittag des Montags (12. oder 11.) des dritten Mo=nats im 11. Jahr der Hejrah (8. Juni 632). Furchtbar war der Jammer, den die Nachricht von seinem Tode verursachte. Manche der Gläubigen weigerten sich daran zu glauben, und Omar bestärkte sie in ihrem Zweifel. Doch Abu Bakr sprang hervor und sagte: „Wer immer unter euch an Mohammed ge=glaubt hat, laßt ihn wissen, daß Mohammed todt ist; wer aber an Mohammeds Gott geglaubt hat, laßt ihn fortfahren Ihm zu dienen, denn Er ist noch lebendig und stirbt nimmer...." Wir haben in diesem gedrängten Bericht der Stufen, die Mohammed durchmachte, uns sorgfältig davor gehütet, uns über ihn ex cathedra zu erklären, ihn anzuklagen oder zu vertheidigen. Alles dies ist geschehen, und die öffentliche Meinung ist beruhigt über den Punkt z. B., daß er mehrere Weiber heirathete oder Metzelei im Großen beging, wenn ein Exempel zu statuiren war. Ebenso in Bezug auf seine „Schlauheit" und „List" und Aehnliches. Es giebt, sagen die Mohammedaner jetzt zu uns, Polygamie und Maßacre genug und darüber in der Bibel, und die Heroen derselben sind in keiner Weise von menschlichen Schwachheiten ausgenommen. Ueberdies sind „weitschauende Klugheit und energische Handlung" — immer unter der Voraussetzung, daß sie dem siegreichen Lager angehören — nicht als sehr schwere Fehler betrachtet worden. Wir haben uns indessen auch enthalten verschiedene Stellen im Koran anzuführen, so verlockend es auch war, an Stelle unsres nüchternen Berichtes die glühenden Worte der „Inspiration" zu setzen — den Ruf aus der Tiefe eines in hohem Grade menschlichen Herzens in seinem schweren Kampfe — die Klage über den Frieden, der verloren ist — der jubelnde Hüfthorns-Ruf, der den Gottgegebenen Triumph verkündet — der gellende Schrei der Rache oder der stille Kummer und die ungehörte, die ungesehene Thräne eines Menschen. Diese Dinge schreiben in der That eine treuere Biographie als der schärfste Historiker jemals zusammenstellen wird aus den unendlichen und unendlich zerstückten Mosaiks, die ihm zur Verfügung stehen.

Mohammed hat mancherlei Biographen gehabt von den Byzantinern an, die ihrer Seele nicht genug thun konnten, Berge alberner Beschimpfung aufzuhäufen; von Maracci und Prideaux an — von denen der Erstere, nicht ohne einen Schein von Recht, angeklagt worden ist ein geheimer Gläubiger zu sein, während der Letztere wünscht durch seine Biographie zu steuern „dem großen überwiegenden Unglauben in dem gegenwärtigen Zeitalter", insbesondere, da er Grund zu fürchten hat, daß „Zorn bisweilen ausgegangen ist von dem Herrn", und daß der „Verfluchte durch irgend ein andres ähnliches Werkzeug uns überwältigen möchte mit den verruchtesten Täuschungen" — bis zu jenen großen Autoritäten Sprenger, Muir, Nöldeke, Weil, Amari.

Das Werk des Ersten unter diesen ist das umfassendste, das erschöpfendste, das gelehrteste von allen, das mehr als irgend eins von den anderen, dadurch, daß es das ganze Material in unverkürzter Gestalt vor den Leser bringt, ihn befähigt sich sein eignes Urtheil zu bilden. Ihm zunächst an Fülle und Unverfälschtheit der Darstellung, obgleich vielleicht nicht an Genius, steht, unserm Dafürhalten nach, Muir; nur daß ein gewisser vorgefaßter Begriff in Bezug auf den Satan einen etwas zu großen Einfluß auf seine Seele gehabt zu haben scheint. Sowohl Muir als Sprenger haben aus der Fülle des Orients im Orient geschöpft, da sie einen Theil ihres Lebens in Untersuchungen auf indischen und mohammedanischen Boden zubrachten. Weil, Amari, Nöldeke haben die ersten Plätze unter den Koranischen Forschern in Europa errungen, während Lane, jener hochberühmte Meister arabischer Lexicographie, sowohl in seinen classischen Anmerkungen zu den „Arabischen Nächten" als auch in seinen „Modernen Aegyptern" die kostbarsten Andeutungen über den Gegenstand hingeworfen hat. Und Diejenigen, die sein Leben beschrieben haben, haben es alle aus seinem Buche, dem Koran, beschrieben, und aus der Ergänzung desselben, der Sunnah, und Jeder hat es in verschiedener Art beschrieben.

Der Koran ist ein wundervolles Buch in mancherlei Beziehungen, doch hauptsächlich in dieser, daß es keinen wirklichen Anfang, Mitte oder Ende hat. Mohammeds Seele ist hier am besten portraitirt. Es war keine wohlgeordnete Seele. Weil ruft in ergreifenden Ausdrücken beinahe den Schatten des Mohammed an, daß er komme und ihn erleuchte in Bezug auf das, was er gesagt, wann er es gesagt, wie er es gesagt. Er kann es ihm nicht vergeben, erklärt er im Beginn seiner „Einleitung", daß er nicht jegliches klar und genau in Ordnung gebracht vor seinem Tode — gleichwie Jemand sein „Manuscript" den Buchdruckern sendet. Von Dattel-Blättern und Tafeln weißen Steines, von Schulter-Knochen und Stückchen Pergament, bunt durcheinandergeworfen in eine Büchse, und von „Menschenbrust ward die erste Ausgabe des Koran vorbereitet, ein Jahr nach des Propheten Tode und die einzelnen Kapitel wurden geordnet nach ihrer verhältnißmäßigen Länge: orgelpfeifenartig — und selbst dies nicht genau. Und Mohammeds Buch ist nicht einmal wie der Pentateuch nach der documentarischen

Theorie. Es sind nicht verschiedene Berichte desselben oder verschiedener Ereignisse ungeordnet zusammengeworfen. Auch ist es nicht einmal gleich dem Talmud, der, obgleich er uns offenbar mit dem Ariadne=Faden der Mischnah durch seine Labyrinthe leitet, doch hie und da uns immer wieder in pfadlose Wildnisse von Höhlen und Gewölben versetzt, durch welche immerfort das goldne Tageslicht hinströmt, indem es den weisen Zweck und Plan ihrer Krümmungen und Windungen aufweist. Doch im Bau des Koran ist keine Kunst angewendet, keine besondere Absicht, und in der That kann man mit jeder Seite anfangen und mit jeder Seite endigen. Wenn man nicht vorzieht das Buch von Anfang bis zu Ende durchzulesen — und wir versichern, daß, wie es jetzt vorliegt, nicht leicht Jemand diese Heldenthat ausführen wird, wenn er nicht ein frommer Muslim ist oder es vielleicht zu seinem arabischen Lesebuche macht. Daher auch ist keiner dieser Gelehrten gleicher Meinung in Bezug auf die Reihenfolge der Kapitel. Es steht gewiß in hohem Grade Wahrheit oder Wahrscheinlichkeit manchen Vermuthungen zur Seite: und Sprenger ist, nach unsrer Meinung, derselben am nächsten gekommen, weil er am wenigsten durch conventionelle Anschauungen gefesselt war, sondern, ein Sohn der Alpen und der Wüste, der Autorität Trotz bot und sich seinen Pfad selbst suchte. Doch auch ihm zuzustimmen, ist bisweilen schwer, je nach der größeren oder geringeren Sympathie, die Jemand mit seinem Standpunkt und der Anschauung empfindet, die er über den Propheten selbst sich gebildet.

Ohne Umschweif zu sprechen, können drei Grundeintheilungen psychologisch richtig aufgestellt werden; die erste, die der Periode früherer Kämpfe entspricht und durch die in höherem Grade poetische Flucht, durch die tiefere Schätzung der Schönheiten der Natur gekennzeichnet wird, in plötzlichen, höchst leidenschaftlichen Lava ähnlichen Ausbrüchen, die sich kaum in deutliche Worte zu fassen scheinen. Der mehr prosaische und didactische Ton weist uns auf das Nahen der männlichen Reife hin, während das Dogmatisiren, das Predigtartige, die Wiederholung und das Verlassen aller biblischen und haggadistischen Hülfsmittel den sichern Besitz der Kraft andeutet, die Vollendung und Erfüllung der Sendung. Doch darf man auf diese Eintheilungen nicht mit zu großer Sicherheit bauen. Es klingt durch das=

jenige, was man mit vollem Recht als eine der allerletzten Offen=
barungen betrachten kann, immer wieder der alte wilde Schrei der
Ungewißheit und Verzweiflung hindurch, die Rede verwandelt
sich übergangslos in eine glühende Vision; eine leidenschaftliche
Rhapsodie folgt unangemessen einer kurzen dogmatischen Unter=
suchung, oder ein Fluch, feurig und gellend wie einer der heißesten
Tage, wird auf eines Ungläubigen verfluchtes Haupt geschleudert;
während die allerersten Aeußerungen bisweilen die theoretisirenden,
grübelnden, disputirenden Tendenzen des reifen Alters aufweisen.

Und gerade in diesen Uebergängen, schnell und plötzlich wie
der Blitz, besteht einer der größten Zauber des Buches, wie es
uns jetzt vorliegt, und wohl mochte Goethe sagen, daß „so oft
wir uns demselben nähern, es immer von Neuem sich ab=
stoßend zeigt; schrittweise indeßen anzieht, in Erstaunen versetzt
und am Ende zur Bewunderung zwingt." Der Koran leidet
überdies mehr als irgend ein Buch, dessen wir uns erinn=
ern, durch jede noch so meisterhafte Uebersetzung. Wenn
irgendwo, so bestätigt sich hier das summum jus summa injuria.
Was den Talmud so ausnehmend genußreich macht, ist dieser
besondere Umstand, daß sobald die Jurisprudenz mit ihren tau=
send technischen Wendungen und unverdauten Ausdrücken nicht
ins Spiel kommt, derselbe leicht wird, durchsichtig und klar für
den ersten Anfänger. Die pathetische naïveté seiner Diction,
und die sichtliche Mühe, die er sich giebt, all seine Aussprüche
zu familiären Wendungen zu machen, ist etwas, wofür wir nicht
dankbar genug sein können. Daher auch der Umstand, daß diese
Worte in ihrer Weisheit und Anmuth ein Echo in jedem wahr=
haftigen Herzen finden müssen, wenn sie genau, wie sie vorliegen,
ohne den Versuch sie zu färben, wiedergegeben werden. Die Größe
des Korans besteht andrerseits, abgesehen von seinem Inhalt, in
seiner Diction. Wir können die besonders erhabene, eindrucks=
volle, klangreiche Natur semitischen Lautes und Ausdrucks nicht
auseinandersetzen; die sesquipedalia verba desselben, mit seiner
Menge von Praefixen und Affixen, von denen jedes seine Stel=
lung behauptet, während es bewußter Weise Bezug und Einfluß
hat auf die Centralwurzel — die sie umgeben gleich einem viel=
faltigen Gewande oder wie erwählte Hofleute sich bewegen um
die gesalbte Person des Königs. Möglicherweise erinnert sich
ein vielgereister Leser an einen gewissen durchdringenden

Laut, wenn er plötzlich, mitten in seiner ersten Nacht auf orientalischem Boden aufgewacht — aufwachend, wie es zu sein pflegt, von Traum zu Traum. Denn da drang eine Stimme zu ihm, einsam, süß, klangvoll, herabschwebend von der Höhe durch die Mondlicht-Stille — die Stimme des blinden Mueddin, die Ulah singend oder den ersten Ruf zum Gebet. Bei dem Schall derselben pflegt manche weiße Figur schweigend sich zu bewegen auf den niedrigen Dächern, und nicht bloß wie die Palmen und Cypressen ringsumher ihr Haupt zu beugen, sondern sich niederzuwerfen und ihre Kniee zu beugen. Und die Laute gingen und kamen „Allahu Akbar .... Gebet ist besser als Schlaf .... Es ist kein Gott als Er .... O Du Gütiger .... Dein Erbarmen hört nicht auf .... Meine Sünden sind groß, größer ist Dein Erbarmen .... Ich erhebe seine Vollkommenheit .... Allahu Akbar!" — und dieser Leser hat vielleicht eine unbestimmte Vorstellung von arabischem und koranischem Laute, eine, die er nie vergessen wird.

Doch der Koran ist sui generis, obgleich der Inhalt desselben oft nur der alte Wein in neuen Schläuchen ist, und seine Form in schlagender Weise der der prä-islamitischen Poesie ähnlich ist, welche er verdammt. Derselbe ist rhythmisch, gereimt, steigt zu Wort-Spielen herab, und neigt — an einer Stelle in erschreckendem Grade — zu Refrains. Gewöhnlich scheint hier auch der Reim — das Wickelband ungeborener Gedanken — bisweilen durchzugehen, wenn nicht mit dem Sinn, jedenfalls mit dem Metrum. Doch nicht weit; nur, daß um der sanften Dual-Endung willen gewisse Gärten und Fontänen und Früchte verdoppelt werden: während andrerseits eine stolze Verachtung für diese Knechtschaft dadurch gezeigt wird, daß man ein m auf n, l auf r, u. s. w. reimen läßt. Doch hier, wie in all diesen kritischen exoterischen Fragen bewegen wir uns auf sehr gefährlichem Boden, und wir wollen uns genügen lassen an der Erwähnung, daß es wenigstens drei hauptsächliche Schulen giebt, die im Streit sind über die bloße Frage, ob der Koran durchgängig gereimt ist: die eine bejaht es, die andere läugnet es, und die dritte schlägt einen Mittelweg ein.

Wir behalten uns gegenwärtig Alles vor, was wir über die äußere oder kritische Seite des Koran zu sagen haben, die wissenschaftlichen Ausdrücke auf diesem Felde: Regeln, Eintheilungen und Untereintheilungen, höchst genau und mannigfaltig, und den ganzen masoretischen Apparat, mit all den überraschenden Analogicen mit den entsprechenden jüdischen Arbeiten, die sich bei jedem Schritt offenbaren. Wir ziehen es vor, uns sogleich zu der innern Eigenthümlichkeit dieses seltsamen Buches zu wenden — ein Buch, mit dessen Hülfe die Araber eine Welt eroberten, die größer ist als die Alexanders des Großen, größer als die Roms, und in ebensoviel Jahrzehnten als letzteres Jahrhunderte gebraucht hat, seine Eroberungen zu vollenden; mit dessen Hülfe sie allein von allen Semiten als Könige nach Europa kamen, wohin die Phönicier als Handelsleute gekommen waren, und die Juden als Flüchtige oder Gefangene, zusammen mit diesen Flüchtlingen das Licht der Humanität emporzuhalten — sie allein, während Finsterniß rings umher lag; die Weisheit und Kenntniß von Hellas von den Todten zu erwecken, zu lehren Philosophie, Medicin, Astronomie und die goldene Kunst des Gesanges dem Westen sowohl als dem Osten, und an der Wiege moderner Wissenschaft zu stehen und zu veranlassen, daß wir späten Epigonen immerdar weinen über den Tag, da Granada fiel.

Wir sagten, daß eine große Aehnlichkeit besteht zwischen der vor-islamitischen Poesie (selbst der jener hohlen „Priester") und dem Koran. Wenn Mohammed wünschte, sich geradewegs an das Herz seines Volkes zu wenden, so konnte es nur durch das geheiligte Mittel der Poesie sein — das einzige Vehikel all ihrer „Wissenschaft", aller Ueberlieferung, aller Religion, aller Liebe und alles Hasses. Und in der That, was von Bruchstücken jener vor-islamitischen Dichtung übrig geblieben ist, die Mohammed unmittelbar voranging, zerstückt, entstellt, verdunkelt, wie es der Fall ist, durch Fanatismus und pedantische Unwissenheit, beweist hinlänglich, daß es von all den glänzenden Perioden arabischer Literatur die glänzendste gewesen ist. Es steigt aus der Hamasa, der Moallakat, dem Kitab Al-Aghani, ja aus den bloßen Schnitzeln, die in späteren Werken vergraben liegen, eine solche Frische und Pracht und Blüthe des Wüstengesanges empor wie aus Homers Epen die glühenden Frühlings-Zeiten der Menschheit aufsteigen und der tiefblaue Himmel von Hellas — wie es nie wieder das Eigenthum arabischer Dichtung gewesen ist. Wild und ungeheuer und eintönig, wie der gelbe Sand seiner wüsten Einöden, ist es doch zart, wahr, pathetisch, überwältigend, damals in noch viel höherem Grade, als im schönen Andalusien die Urenkel dieser wilden Räuber von nächtlichen Ruderfahrten bei Fackellicht sangen, von den Mondstrahlen, die auf den Wellen zitterten, von den süßen Stelldichein in der Tiefe der Rosengärten, von Spaniens goldenen Städten und funkelnden Moscheeen, und der weit in der Ferne brennenden Wüste, von wo ihre Väter gekommen. Jene großartigen Laute der Freude und des Schmerzes, der Liebe und Tapferkeit und Leidenschaft, von denen jetzt nur ein schwaches Echo unser Ohr berührt, waren volltönig zur Zeit des Mohammed; und er hatte nicht bloß den Berühmten der Berühmten gleichzukommen, sondern sie zu übertreffen; sich zu berufen auf die Ueberlegenheit dessen, was er sagte und sang, recht als ein Zeichen und Beweis seiner Sendung. Und da waren erstlich manche unheilvolle Merkmale der Nebenbuhlerschaft und professionellen Hasses sichtbar, denen religiöser Fanatismus Feuer zutrug. Diejenigen, die im Kampf gegen ihn gefallen waren, wurden bejammert in den herzzerreißendsten volksthümlichen Klageliedern. Dichter seiner Zeit sagten, gerade wie Jehuda Al-Hassan-Halevi, jener große hebräisch-arabische Sänger Jahrhunderte nach ihnen es that, daß sie nichts Außerordentliches in seinen Versen sähen. Ja sie nannten ihn mit Schimpf-Namen — einen Narren, einen Tollhäusler, einen lächerlichen Eingebildeten und Betrüger; sie lachten über das Volk von Medina, daß es „auf solch Einen" hörte. Und diese Rival-Poeten bildeten eine furchtbare Macht. Ihre Neckereien gefielen, während die Gegen-Satiren, die er schreiben ließ, ihren Zweck verfehlten. Nicht einmal „plötzliche Heimsuchungen", in Folge deren die schlimmsten Beleidiger getödtet aufgefunden wurden, hemmten die „Presse". Da kam eine Offenbarung: — „Soll ich euch erklären", fragt er in der Surah, genannt „die Dichter", „in wen die Teufel fahren? Sie fahren in jede lügnerische und verfluchte Person . . . die meisten von ihnen sind Lügner. Und diejenigen, die irren, folgen den Schritten der Dichter. Siehst du nicht, wie sie umherschweifen wie sinnberaubt durch jegliches Thal?" . . . Es erinnert uns dies schlagend an Kutahir, einen vor-islamischen Dichter, und die Antwort, die er dem Volk gab, das ihn fragte: „Wie er es auch mache, wenn das Dichten ihm schwer würde?" Und er sagte: „Ich wandre durch die verlassenen Wohnstätten und über die blumigen Rasen=Gefilde; dann werden die vollendetsten Gesänge leicht, und die schönsten fließen von selbst" — „sinnberaubt durch jegliches Thal".

Man sagt, daß Mohammed einen Rivalen, Lebid, einen gekrönten Dichter der Periode, von seiner Sendung überzeugt habe, indem er ihm einen Theil der jetzt zweiten Surah vorgelesen. Ohne Zweifel ist dies eins der allergroßartigsten Probestücke koranischer oder arabischer Diction, beschreibend, wie Heuchler „gleich denen sind, die draußen ein Feuer anzünden und sich geschützt glauben gegen Finsterniß. Während es aber im stärksten Lodern ist, sendet Gott einen Windstoß, die Flamme verlöscht und sie sind gehüllt in dichte Nacht. Sie sind taub und stumm und blind. . . . Oder wenn sie in Finsterniß sind und unter Donner und Blitz, Regenschwangere Wolken sich ergießen vom Himmel, sie in Schrecken vor dem Krachen ihre Finger in die Ohren stecken . . . . Doch Gott schließt die Ungläubigen ein ringsumher . . . . Das Zucken des Blitzes blendet ihre Augen — während es alle Dinge erleuchtet, wandeln sie in seinem Lichte — dann hüllt Finsterniß sie ein und sie stehen da wie angewurzelt". . . .

Doch selbst Beschreibungen dieser Art, großartig wie sie in der Ur=Sprache sind, genügen nicht, zu entzünden und zu erhalten den Enthusiasmus und den Glauben und die Hoffnung einer Nation wie die Araber, nicht für Eine Generation, sondern für tausend. Nicht die leidenschaftlichste Größe, nicht die schlagendsten Gleichnisse, nicht die Legenden, nicht die Parabeln, nicht der süße Klang und Zauber des Reimes und das Gewebe rythmischer Melodieen und all die feine Kunst des Dichters — sondern der Kern von dem Allen, die Doctrin, die positive, klare, deutliche Doctrin. Und diese Doctrin trug Mohammed ihnen vor, in tausend, sozusagen symphonischen Variationen, modulirt durch die ganze Scala menschlichen Empfindens. Vom Gebet zum Fluch, von der Verzweiflung bis zu jubelnder Freude, vom Beweise, oftmals casuistischem, weit ausgesponnenem Beweise zur Vision, entweder in schnellem und plötzlichem und furchtbarem Uebergange, oder in Wiederholungen und nochmaliger Wiederholung — eintönig und trocken und unerträglich langweilig für den Draußenstehenden — doch nicht für ihn.

Die Dichter vor ihm hatten von Liebe gesungen. Eine der

hauptsächlichsten Formen vor = islamischer Dichtung war ohne Zweifel die Kasida, welche fast unveränderlich mit einer kummervollen Erinnerung an sie beginnt, die davon gegangen ist, Keiner weiß, wohin, und deren bloße Zeltspuren, die noch gestern fernhin glänzten in der Mitte der weiten Einöden, über Nacht verschwunden sind. Antara, selbst der Held der berühmtesten Novelle, singt von den Ruinen, um welche herum immerdar Gedanken des Liebenden flattern, von der Wohnstätte der Abla, die davon gegangen ist und ihren Wohnort kennt er nicht; jetzt ist er verlassen und still. Amr Al Kais „der Bannerträger der Dichter, aber auf dem Wege zur Hölle", wie Mohammed ihn nennt, preist vor allen Dingen sein Glück mit Weibern, hauptsächlich Oneisa, und in glänzenden, oft an Heine erinnernden Versen, singt er von den guten Dingen dieser Welt; bis sein Vater ihn verbannt aus Anlaß eines Vorfalls, wobei er, wie gewöhnlich, allzuglücklich gewesen war. Und plötzlich, mitten in einem wilden Gelage hört er, daß sein Vater erschlagen worden sei, und er sprach kein Wort. Doch lauter und hochgehender ward das Gelage und er trank tief und spielte bis zur grauen Dämmerung; dann stand er plötzlich auf und schwur einen heiligen Eid, daß weder Wein noch Weiber seine Sinne besänftigen sollten, bis er blutige Rache genommen hätte für seinen Vater; und als er das Orakel befragte, und einen Pfeil zog mit der Inschrift „Vertheidigung", warf er ihn dem Götzen ins Gesicht und sagte: „Elender, wenn dein Vater wäre getödtet worden, würdest du Rache gerathen haben, nicht Vertheidigung." Sie sangen von Tapferkeit und Großmuth, von Liebe und Kampf und Rache, von ihrem edlen Stamm und Vorfahren, von schönen Weibern, „oft sogar von solchen, die es nicht gab, damit des Weibes edler Ruf weit verbreitet werde unter Königen und Fürsten", wie der unvermeidliche Scholiast uns belehrt; von dem tapfern Schwert und dem schnellen Kameel und dem kühnen Roß, flüchtiger als das Sausen des Wirbelwindes. Oder von frühen Gräbern, über denen die Morgenwolken weinen, und der flüchtigen Natur des Lebens, die kommt und geht, wie die Wellen des Wüsten=Sandes und wie die Zelte einer Karawane, wie eine Blume, die aufschießt und fortstirbt — während die weißen Sterne auf= und untergehen werden ewiglich, und die Berge ihre Häupter himmelwärts heben und niemals

alt werden. Oder sie schießen ihre bittren Pfeile der Satire
geradewegs in die Seele des Feindes.

Mohammed sang nichts von diesem. Nicht Bardengesang der
Liebe, nicht die Freuden dieser Welt, nicht Schwert noch Kameel, nicht
Eifersucht oder menschliche Rache, nicht Ruhm des Stammes oder
der Vorfahren, noch das unstäte, schnell und für immer vertilgte
Dasein des Menschen waren seine Themata. Er predigte den Islam.

Und er predigte, indem er die Himmel in der Höhe zerriß
und den Grund in der Tiefe offen legte, indem er Himmel und
Hölle beschwor, die Lebendigen und die Todten. Die Araber waren
stets sehr fortgeschritten in der Kunst des Schwörens, aber solch
Schwören war nie gehört worden in und außerhalb Arabiens. Bei
den schäumenden Wassern und bei der grausigen Finsterniß, bei
der flammenden Sonne und den untergehenden Sternen, bei dem
Berge Sinai und bei Ihm, der das Firmament ausspannt, bei
der menschlichen Seele und der leisen Stimme, bei der Kaaba
und bei dem Buche, bei dem Monde und der Dämmerung und
den Engeln, bei den zehn Nächten furchtbaren Geheimnisses und
bei dem Tage des Gerichts; jenem Tage des Gerichts, bei dessen
Nahen die Erde wankt, und die Berge in Staub zerfallen, und
die Meere in Feuer aufflammen, und der Kinder Haar weiß
wird vor Entsetzen, und gleich Heuschreckenschwärmen die Seelen
sich erheben aus ihren Gräbern, und Allah zur Hölle ruft, bist
du voll und gefüllt? Und die Hölle ruft zu Allah: Mehr,
gieb mir mehr . . . während das Paradies seine gesegneten
Pforten den Gerechten öffnet, und unaussprechliche Herrlichkeit
ihrer wartet — sowohl der Männer als der Weiber.

Den Kern und die Lehre des Islam hat Goethe in der
zweiten Surah gefunden, die folgendermaßen beginnt: —

„Dies ist das Buch. Es ist kein Zweifel an dasselbe. Ein
Führer für den Gerechten. Wer an den Unsichtbaren
glaubt, wer das Gebet beobachtet und wer Almosen giebt
von dem, was er ihnen verliehen hat. Und wer an das glaubt,
was zu dir hernieder gesandt ist — (die Offenbarung), die denen
vor dir gesandt worden ist, und wer an das zukünftige Leben
glaubt. Sie wandeln in der Führung ihres Herrn, und sie sind
die Gesegneten. Was die betrifft, die nicht glauben — ist es
gleichgültig für sie, ob du sie ermahnst oder sie nicht ermahnst.
Sie wollen nicht glauben. Versiegelt hat Allah ihre Herzen

und ihre Ohren und über ihren Augen ist Finsterniß und ihre Strafe wird groß sein", — "Und in dieser Weise", fährt Goethe fort "haben wir Surah nach Surah. Glauben und Unglauben sind getheilt in höheren und niederen. Himmel und Hölle erwarten die Gläubigen oder die Läugner. Genaue Vorschriften von Dingen, die erlaubt und verboten sind, legendarische Erzählungen von jüdischer und christlicher Religion, Erweiterungen aller Art, endlose Tautologien bilden den Körper dieses geheiligten Buches, das uns, so oft wir uns ihm nähern, von Neuem abstoßend ist, dann uns immer von Neuem anzieht, und uns mit Bewunderung erfüllt, und endlich uns zwingt zur Verehrung."

So Goethe. Und ohne Zweifel ist die angeführte Stelle ein so gutes Summarium als irgend eine andre. Vielleicht, wenn er etwas weiter gegangen wäre in eben diesem Kapitel, hätte er eine noch bezeichnendere gefunden. Als Mohammed zu Medina seinen Anhängern befahl, nicht länger sich im Gebet gegen Jerusalem zu wenden, sondern gegen die Kaaba zu Mecca, nach welcher ihre Väter sich gewandt hatten, und er wegen dieser Neuerung getadelt ward, wiederholte er: —

"Das ist keine Gerechtigkeit: ob ihr euer Antlitz nach Osten oder Westen wendet, Gottes ist der Osten so gut als der Westen. Doch wahrhaft gerecht ist derjenige, der an Gott glaubt, an den Tag des Gerichts, an die Engel, an das Buch und die Propheten; der seinen Reichthum verwendet, um Gotteswillen, auf Verwandtschaft und Waisen und die Armen und die Heimathlosen und Alle, die darum bitten; und auch auf Befreiung von Gefangenen; derjenige, der beständig ist im Gebet, Almosen giebt, der fest bei seinen Versprechungen beharrt, wenn er sie einmal übernommen hat; und der geduldig ist im Unglück, im Ungemach und Zeiten der Anfechtung. Dies sind die Gerechten und dies sind die Gottesfürchtigen."

Doch diese und ähnliche Stellen, so characteristisch sie sind, genügen nicht. Es ziemt uns einen etwas tieferen Blick zu thun.

Vor Allem, was ist die buchstäbliche Bedeutung von Islam, der Religion eines Muslim? Wir finden diesen Namen Muslim schon angewandt auf jene Hanifs, von denen wir oben gesprochen haben, die, obgleich im Geheimen, vor Mohammed dem Götzendienst entsagt hatten, und ausgezogen waren, die „Religion Abrahams" zu suchen, welche Mohammed endlich unternahm wiederherzustellen. Die semitische Wurzel des Wortes Muslim verstattet eine Verschiedenheit von Bedeutungen, und demgemäß hat Muslim mancherlei Erklärungen erfahren. Doch in all diesen Fällen — selbst, wie es jetzt so allgemein klar wird in den Ausdrücken des Neuen Testaments — ist es ebenso nutzlos auf die ursprüngliche Bedeutung zurückzugehen wegen der Erläuterung irgend eines speciellen oder technischen, dogmatischen, wissenschaftlichen oder andern Ausdrucks einer gewissen Periode, als es ist diejenigen nach einer Auslegung zu fragen, die lebten und jenen selbigen Ausdruck gebrauchten lange nachdem derselbe eine gänzlich neue, oft gerade die entgegengesetzte Bedeutung angenommen hatte. Salm, die Wurzel von Islam, bedeutet in erster Beziehung, ruhig, in Ruhe sein, seine Pflicht gethan haben, bezahlt haben, in vollkommenem Frieden sein, und endlich, sich dem überantworten, mit dem der Friede gemacht ist. Das davon abgeleitete Nomen bedeutet Friede, Gruß, Sicherheit, Rettung. Und der Talmud enthält sowohl den Ausdruck als die Erklärung des Ausdrucks Muslim, der in seiner chaldäischen Bedeutung in Arabien eingebürgert worden war. Es bezeichnet einen „Gerechten Mann". In einer Paraphrase von Sprüchwörtern 24, 16, wo der Urtext Zadik hat (Ziddik im Koran), was richtig von der autorisirten Uebersetzung „Gerechter Mann" wiedergegeben worden ist, hat der Talmud eben dieses Wort. „Sieben Gruben sind gegraben für den „Muslim" (Shalmana — Syr: Msalmono) sagt dieselbe, und „eine für den Verdammten, doch der Verdammte fällt in seine eigne, während der Andere allen sieben entgeht."*) Das Wort schließt somit unbedingte Unterwerfung unter Gottes Willen — wie allgemein angenommen — weder in der ursprünglichen Bedeutung ein, noch ausschließlich, sondern es bedeutet im Gegentheil Einen, der nach Gerechtigkeit trachtet mit eigener Kraft. Eng verbunden mit der Mißdeutung dieser Seite von Mohammeds ursprünglicher Doctrin ist auch die populäre Vorstellung von jenem vermeintlichen Gift des Islam, vom Fatalismus: doch wir müssen uns hier mit der Bemerkung begnügen, daß, soweit Mohammed und

---

*) Da hat man auch die Erzählung im Talmud von dem Meister, dessen Name Schalman (Salomon) war, und sie sprachen zu ihm: „Du bist voll von Friede und deine Lehre ist Friede (vollkommen) und du hast Friede gemacht unter den Schülern."

der Koran in Betracht kommen, der Fatalismus eine gänzliche und absolute Erfindung ist. Nicht einmal, sondern wiederholentlich und als ob sich gegen eine solche Annahme zu wahren, läugnet Mohammed denselben so ausdrücklich er kann, und giebt Anweisungen, welche so unbestreitbar als möglich zeigen, daß seiner Seele nichts ferner lag als jener fromme Zustand müßiger und hoffnungsloser Nichtigkeit und Unthätigkeit. Doch, kehren wir zum Islam zurück. Die Summe und der Kern desselben ist enthalten in Mohammeds Worten: „Wir haben zu dir gesprochen durch Offenbarung: — Folge der Religion Abrahams"....

Was verstand Mohammed und seine Zeitgenossen unter dieser Religion des Abraham? „Abraham", sagt der Koran in bestimmter und nachdrücklicher Weise „war weder ein Jude noch ein Christ, sondern er war fromm und gerecht und kein Götzendiener." Haben wir hier nicht die kürzeste und vernunftgemäßeste Doctrin, die je gepredigt ward? Seltsam und characteristisch ist der Beweis (zum Theil nebenher in dem Midrasch gefunden), den der Koran für nöthig hält hierfür beizubringen. — Es war kein Gesetz (oder Evangelium) offenbart damals — es waren thatsächlich keine Verschiedenheiten semitischen Glaubens vorhanden, noch keine speciellen und unterschiedenen Dogmen zur Zeit Abrahams. Die Haggadah, das ist richtig, hebt hervor, daß wenn die Schrift sagt: „er hört meine Stimme", es bedeutet, daß ihm durch Anticipation Alles gegeben war, was das Gesetz und die Propheten enthalten. Und um die Absicht von Mohammeds Worten richtig zu verstehen, müssen wir versuchen die kleinen Mosaiks zu verbinden, wie sie verstreut umherliegen in allen Richtungen im Talmud und in dem Midrasch. Vielleicht möchte ein Bild, in Betreff des Glaubens und der Werke Abrahams unter unsern Händen emporwachsen — ein nicht unwürdiges Ideal des Judaismus, welcher es bildete, und des Mohammedanismus, welcher es annahm, von Abraham, dem Gerechten, dem ersten und größesten Muslim. Dies dürfte auch ferner die Worte der Mischnah nebenher erläutern: „Seid von den Schülern des Abraham". „Das göttliche Licht lag verborgen", sagt der Midrasch „bis Abraham kam und es entdeckte." Wiederum müssen wir uns — durch absolute Nothwendigkeit gezwungen — zu einem jener unverdaulichen Bruchstückchen wenden, einer jener vielen cruces der Erklärer des Orients und des Occidents.

Das Wort, das im Koran für die „Religion des Abraham" gebraucht wird, ist im Allgemeinen „Milla". Sprenger schließt, indem er die in der That absurden Versuche, die angestellt worden sind, es von einer arabischen Wurzel abzuleiten, verspottet, daß es ein fremdes Wort sein müsse, eingeführt durch die Lehrer der „Milla des Abraham" in die Hejaz. Er hat vollkommen Recht, Milla = Memra = Logos sind gleichbedeutend: es ist der hebräische, chaldäische (Targum, Peschito in leichtveränderter Aussprache) und griechische Ausdruck entsprechend dem „Wort" — jenem Surrogat für den Göttlichen Namen, das von dem Targum, von Philo, von dem Evangelisten Johannes gebraucht wird. Dieses Milla oder „Wort", das Abraham verkündigte, er „der kein Astrolog war, sondern ein Prophet" — lehrt, nach der Haggadah, vor Allem, das Dasein Eines Gottes, des Schöpfers des Universums, der das Universum beherrscht mit Barmherzigkeit und liebender Huld.*) Er allein auch, weder Engel noch Planet leitet die Geschicke des Menschen. Götzendienerei, selbst wenn sie verbunden ist mit dem Glauben an Ihn, ist im äußersten Maße zu verabscheuen. Er allein ist zu verehren; in Ihn allein ist Vertrauen zu setzen im Unglück. Er befreit den Verfolgten und den Unterdrückten. Du mußt zu Ihm beten und Ihm dienen in Liebe, und nicht murren, wenn Er euer Leben verlangt, oder selbst Leben, die euch theurer sind als euer eignes. In Bezug auf die Pflichten gegen die Menschen lehrt es: — „Liebende Huld und Erbarmen sind Kennzeichen des Glaubens Abrahams." „Derjenige, der nicht barmherzig ist, ist nicht von den Kindern Abrahams." „Was ist die unterscheidende

---

*) „Gott", sagt der Talmud in kühnstem, transcendentalem Schwunge, „betet." „Und was ist das Gebet?" — „Möge es mein Wille sein, daß meine Barmherzigkeit meine Gerechtigkeit überwältige.' Der Koran sagt: — „Gott hat für Sich selbst das Gesetz der Barmherzigkeit gegeben." Gottes Barmherzigkeit, sagt der Midrasch, war das einzige Bindeglied, das das Universum zusammenhielt, bevor das „Gesetz" den Menschen offenbart ward. Und sehr schön contrastirt die Haggadistische Darstellung der Art, in welcher das Universum, das trotz alledem nicht ruhig blieb, sondern sich hin und herschwankend im Raume hielt „gleichwie ein großer Palast, von sterblichen Menschen gebaut, dessen Grundlagen nicht sicher gelegt sind" gegen alle wohlbekannten Aufhäufungen von Monstren, geschaffen für dauernde Vorhaben. — „Die Erde wankte und zitterte und fand keine Ruhe, bis Gott die Reue schuf, — da stand sie."

Eigenschaft der Abkömmlinge Abrahams? Ihr Mitleid und ihr Erbarmen." (Möge es nebenher erwähnt werden, daß in all diesen talmudischen Stellen das Wort Rachman gebraucht wird, welcher Ausdruck für „barmherzig" ein ausdrückliches Merkmal im Koran bildet.) „Abraham vergab nicht nur Abimelech, sondern er bat für ihn"; und diese Barmherzigkeit, Liebe und Huld ist auszudehnen auf alle Wesen, ohne Rücksicht auf „Kleidung", Geburt, Rang, Glauben oder Nationalität Uneigennützigkeit und Selbstlosigkeit sind selbstverständliche Pflichten. Obgleich das ganze Land von Gott Abraham versprochen war, so kaufte er den Grund und Boden für Sarah's Grab. Nach dem siegreichen Feldzuge nahm er nichts, nein, nicht einmal „vom Faden zum Schuhriemen" von dem Feinde. Sittsamkeit und Demuth sind andere Eigenschaften, die von ihm anbefohlen werden. Beherrsche dich, sagt er, bevor du Andre beherrschest. Meide die Hoffahrt, die das Leben verkürzt — Sittsamkeit verlängert es. Sie reinigt von allen Sünden und ist die beste Waffe für den Sieg. Seine Demuth ward auch offenbar in der Art, wie er seine Gastfreundschaft übte. Er wartete seinen Gästen selbst auf und wenn sie es versuchten, ihm zu danken, sagte er: danket „Ihm, dem Einen, der Alle ernährt, der herrscht im Himmel und auf Erden, der tödtet und Leben giebt, der die Pflanzen wachsen läßt und der den Menschen schafft nach Seiner Weisheit." Er führte das Morgengebet ein — wie Isaac das Abendgebet, und Jakob das der Nacht. Er war, auch in seinem Alter, rastlos Gutes zu thun, dem Unterdrückten zu helfen, zu lehren und zu predigen allen Menschen. Er „trug ein Juwel um seinen Nacken, dessen Licht die Niedergebeugten aufrichtete und den Kranken heilte und das, nach seinem Tode, unter die Sterne versetzt wurde." Und sieh, wie er erwählt ward versucht zu werden mit bitterster Versuchung, damit die Menschheit sehen möchte, wie beständig er blieb — „gleichwie der Töpfer die Festigkeit seiner Waare nicht prüft an dem, was zerbrechlich ist, sondern an dem, was fest ist." Und als er starb, hinterließ er seinen Kindern vier beschützende Engel — „Gerechtigkeit und Erbarmen, Liebe und Wohlthun."

So sind die fließenden Umrisse von dem Glauben Abrahams von der Haggadah zu sammeln; und diese Züge bilden die fundamentale Basis von Mohammeds Doctrin — oft in denselben Worten, stets in dem Sinne dieser jüdischen Traditionen. Den bedeutsamsten Nachdruck indessen finden wir gelegt auf die Einheit Gottes, die Abwesenheit von Mittlern, und die Verwerfung irgendwelchen speciellen, ausschließlichen, „privilegirten" Glaubens. Dies ist ein Punkt, in welchem der Talmud sehr streng ist — indem er nicht bloß seine Abneigung gegen das Proselytenthum erklärt, sondern thatsächlich jeden gerechten Mann, falls er kein Götzendiener ist, einen „Juden" nennt in allen Absichten und Vorhaben. Die Skizzirung der Einzelheiten der allgemein menschlichen Sittenlehren ist, vergleichungsweise zu sprechen, von weniger Gewicht, in Anbetracht des Umstandes, daß sie in ihren Umrissen wunderbar ähnlich sind, in Hellas und Indien und Rom und Persien und Japan; und so würde es in der That schwer sein zu sagen, wer zuerst das große Gesetz des Wohlwollens gegen die Mitgeschaffenen erfunden. Aber die Art und die Worte, in welchen diese Dinge eingeschärft werden, kennzeichnen klar genug ihre Geburtsstätte und die Stationen ihrer Reise in dem semitischen Glauben.

Und mit den Doctrinen — wenn wir sie so nennen dürfen — Abrahams, wie wir dieselben von den jüdischen Schriften gewonnen, führte auch Mohammed den ganzen legendarischen Cyclus ein, der Abrahams Haupt wie der Hof den Mond umgiebt, in eben diese Schriften. Wir haben im Koran, von allen zuerst, jene wundervolle haggadistische Erklärung, wie Abraham zuerst dazu kam, mitten unter Götzendienern, den Einen unsichtbaren Gott zu verehren — wie er zuerst seine Augen himmelwärts hob und einen glänzenden Stern sah und sagte, dies ist Gott. Doch als der Stern bleich ward vor dem Glanze des Mondes, sagte er, Dies ist Gott. Und dann ging die Sonne auf und Abraham sah Gott in der goldnen Pracht der Sonne. Doch auch die Sonne ging unter und Abraham sagte: „Dann ist keiner von euch Gott; sondern es giebt Einen über euch, der sowohl euch geschaffen hat als mich. Ihn allein will ich verehren, den Schöpfer Himmels und der Erden!" Wie er dann eine Axt nahm und all die Götzen zerstörte, und die Axt in die Hand des Stärksten legte, und ihn der That beschuldigte, wie er in den feurigen Ofen geworfen ward, und Gott zu dem Feuer sagte: „Sei kalt"; wie er die Engel unterhielt, und wie er seinen geliebten Sohn zum Altar brachte, und ein „treff=

liches Opfer", (ein Widder vom Paradiese) geopfert ward an seiner Statt; und so fort. Alles dieses, obgleich nur skizzirt in seinen Umrissen im Koran, ist vollständige Haggadah, mit kaum soviel Aenderung als naturgemäß erwartet werden konnte bei ähnlich phantastischem Gegenstande, wie auch das Uebrige jener „ganzen Welt frommer biblischer Legenden, die der Islam gesagt und gesungen hat in seinen mannigfachen Zungen, zum Ergötzen des Weisen und Einfältigen, seit nun zwölf Jahrhunderten, entweder im Keime oder vollständig entwickelt in der Haggadah zu finden ist".*) Hier brechen wir unsre Darstellung ab, indem wir die Fortsetzung derselben uns vorbehalten; namentlich mit Hinblick auf die theoretische und praktische Lage der Religion des Mohammed, und die Beziehung ihrer religiösen Ausdrücke**) und individuellen Lehrsätze zu denen des Judaismus; auch ihre Fortschritte und Wechselfälle, die in die Gemeinschaft gebracht sind durch mannigfache und höchst kühne Secten; und die gegenwärtige Gestaltung des Glaubens und dessen allgemeiner Einfluß. Und dies unser Exordium wollen wir zusammenfassen mit dem Beginne der Surah, genannt die Versammlung, offenbart zu Medina: —

„Im Namen Gottes, des Barmherzigen, des Mitleidsvollen. Was immer im Himmel und auf Erden ist preist Gott den König, den Heiligen, den Allmächtigen, den Allweisen. Er ist es, der aus der Mitte der ungelehrten Araber einen Apostel hat aufstehen lassen, ihn seine Zeichen schauen zu lassen, und sie zu heiligen und sie die Schrift und die Weisheit zu lehren, sie, die zuvor in großer Finsterniß gewesen waren. . . . Dies ist Gottes freie Gnade, die Er giebt wem immer Er will. Gott ist von großer Barmherzigkeit!"

---

*) Em. Deutsch „der Talmud". **) Z. B. Koran, Forkan (= Pirke, Erklärung von Halachah), Torah (Gesetz), Schechinah (Gegenwart Gottes), Gan Eden (Paradies), Gehinnom (Hölle), Haber (Meister), Darasch (die Schriften suchen), Rabbi (Lehrer), Sabbath (Tag der Ruhe), Mischnah (Mündliches Gesetz) u. s. w., die alle unverstümmelt im Koran zu finden sind, sowohl als auch solche Worte wie das Hebräische Yam (für Rothes Meer) u. s. w.

www.ingramcontent.com/pod-product-compliance
Lightning Source LLC
Chambersburg PA
CBHW020323090426
42735CB00009B/1384